Cahiers libres

Justine Brabant

« Qu'on nous laisse combattre, et la guerre finira »

Avec les combattants du Kivu

Préface de Rony Brauman

La Découverte
9 *bis*, rue Abel-Hovelacque
75013 Paris

Les photographies reproduites dans ce volume ont été réalisées par Justine Brabant.

Si vous désirez être tenu régulièrement informé de nos parutions, il vous suffit de vous abonner gratuitement à notre lettre d'information par courriel, à partir de notre site

www.editionsladecouverte.fr,

où vous retrouverez l'ensemble de notre catalogue.

ISBN 978-2-7071-8363-7

Remerciements

J'espère avoir été digne de la confiance des informateurs et traducteurs congolais que je ne peux citer ici pour des raisons de confidentialité, mais sans qui ces recherches n'auraient pu aboutir.

Lors de mes séjours au Congo, Franck Mweze, Julienne Mushagalusa, Deo Musafiri ainsi que Madel et Ragnhild Rosland m'ont ouvert leur porte avec une incroyable gentillesse. L'équipe de LPI à Bukavu m'a apporté une aide précieuse lors de mes premiers pas dans la région. Ma connaissance des groupes armés de l'Est doit également beaucoup à mes discussions avec de jeunes et courageux chercheurs : Judith Verweijen, Christoph Vogel et Josaphat Musamba.

À l'université Paris-1, j'ai pu compter sur le soutien de Rémy Bazenguissa-Ganga, et les commentaires toujours justes de Johanna Siméant – sans qui ce livre n'existerait pas.

Daniel Schneidermann a accepté de poser son oeil aiguisé sur mon manuscrit. Dorian Saigre, Claire Lortat-Jacob et Thomas Scotto ont également relu avec patience et bienveillance des premières versions de ce texte. Marielle Debos devait m'aider à en élaborer le plan : pour mon plus grand bonheur, elle a finalement été présente tout au long de son écriture.

Je tiens enfin à remercier Thomas Deltombe, éditeur passionné et exigeant, ainsi que toute l'équipe des éditions La Découverte, qui a fait le pari que le Congo pouvait – et devait – intéresser au-delà des cercles de spécialistes.

La République démocratique du Congo (RDC)

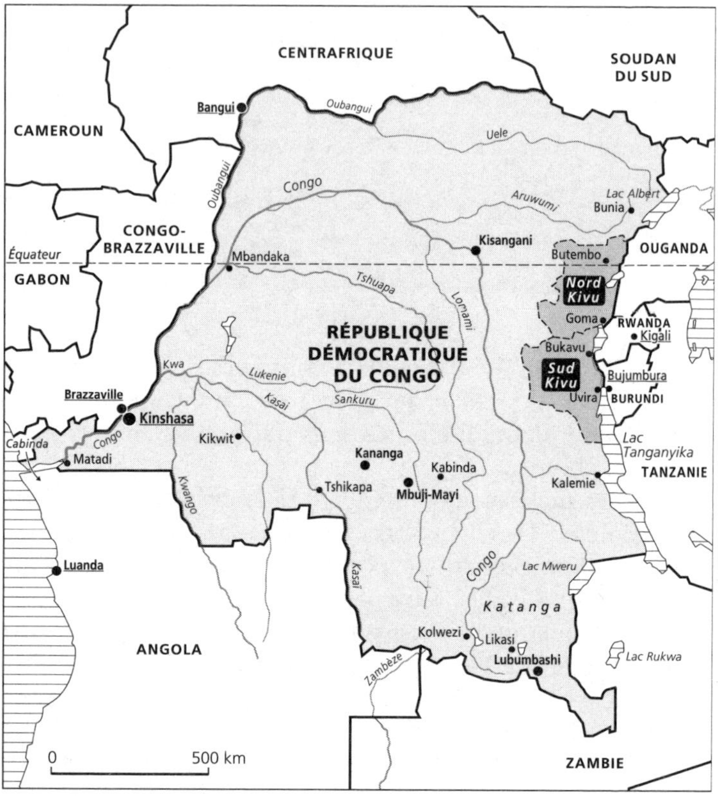

Les provinces du Nord Kivu et du Sud Kivu

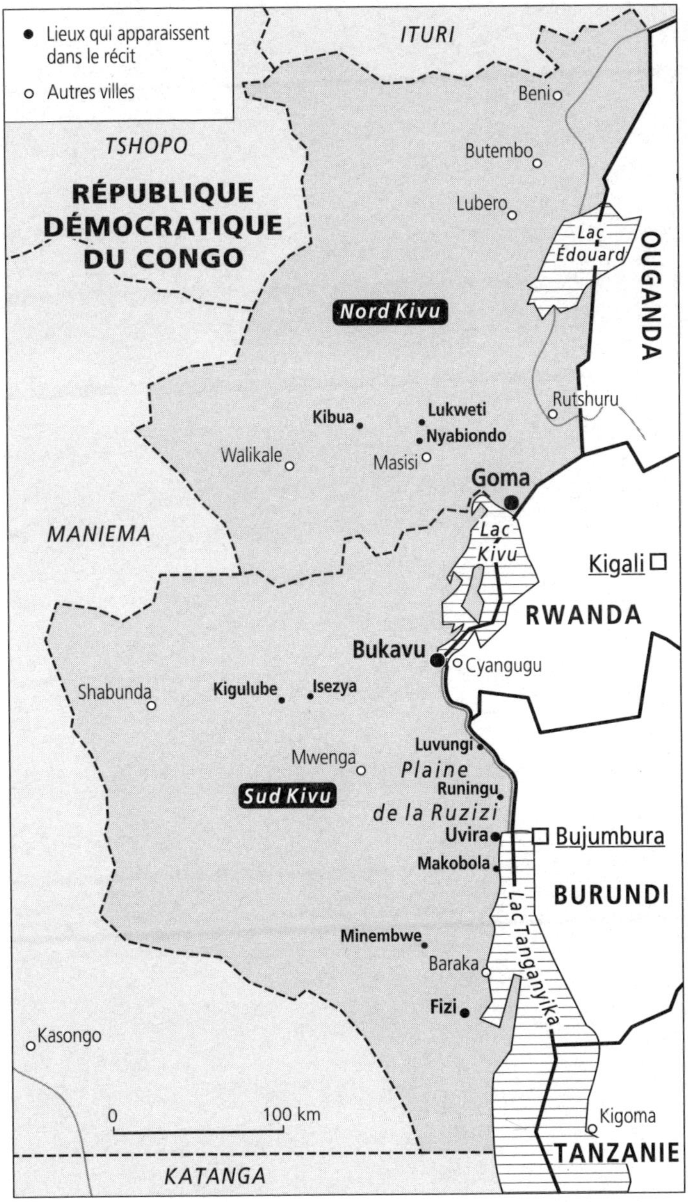

Préface

Rony Brauman[*]

Levons d'emblée tout malentendu : ce récit captivant d'un voyage en quête des combattants du Congo n'est pas une version actualisée du célèbre livre de Joseph Conrad, *Au Cœur des ténèbres*. Bien que son auteure se soit enfoncée, des semaines durant, dans les sentiers de la forêt congolaise, qu'elle ait traversé des villages dévastés par la guerre, se soit mise à l'épreuve de longues et pénibles marches, elle n'a pas fait de cet audacieux périple le sujet de ce livre, dont elle a manifestement refusé d'être l'héroïne quand tout s'y prêtait. Dans ce pays décrit comme le lieu du plus grand massacre depuis la Seconde Guerre mondiale, elle est partie à la rencontre des plus méconnus des belligérants, non pour livrer une chronique accablante de la perte d'humanité mais pour décrire et tenter de comprendre les ressorts de leur engagement dans la violence. C'est d'une aventure sans héros mais composée de personnages denses, d'une quête sans mystique mais toute en empathie qu'il s'agit.

La façon dont l'interminable conflit qui secoue la République démocratique du Congo (RDC) s'est déclenché

* Médecin, ancien président de Médecins sans frontières (MSF), directeur de recherches à la Fondation Médecins sans frontières.

vaut d'être rappelée, pour ce qu'elle dit des occasions manquées, des logiques d'intervention ou d'abstention des « grandes puissances » ainsi que de l'aveuglement volontaire d'une partie des acteurs humanitaires. La guerre débuta avec l'attaque, en novembre 1996, des camps de réfugiés rwandais de Goma, dans l'est de ce qui s'appelait encore le Zaïre, par l'Armée patriotique rwandaise (APR), une offensive justifiée par la présence de forces armées imposant leur loi dans ces camps, d'où elles lançaient des opérations en territoire rwandais.

Cette intervention eut lieu plus de deux ans après le génocide des Tutsis du Rwanda, organisé par le « gouvernement provisoire » installé à Kigali après l'attentat du 6 avril 1994 contre le président du Rwanda, Juvénal Habyarimana. La Garde présidentielle et les milices « Interahamwe » en avaient été le bras armé, avec une partie des Forces armées rwandaises (FAR) et de l'administration civile du pays. Leur défaite, en juillet 1994, fut précédée d'un exode massif et organisé, environ 500 000 personnes ayant fui vers la Tanzanie en juin tandis qu'un peu plus tard 1,2 million de Rwandais franchissaient la frontière zaïroise vers les provinces du Nord-Kivu et du Sud-Kivu. Pressentant l'imminence de la victoire du Front patriotique rwandais (FPR), mené par Paul Kagame, le gouvernement intérimaire avait en effet tenté de vider le pays de sa population afin de préparer la reconquête du Rwanda à partir du territoire zaïrois, le président Mobutu étant un allié inconditionnel. Si l'organisation de cet exode fut possible en si peu de temps, ce n'est pas seulement en raison de la discipline si souvent vantée du peuple rwandais, mais aussi du fait de la terreur que les troupes du FPR faisaient régner dès qu'elles prenaient le contrôle d'un territoire.

Les camps du Kivu, comme ceux de Tanzanie, étaient donc tout autant des sanctuaires abritant les génocidaires que des lieux de regroupement de réfugiés, ce que les Nations unies, autrement dit les membres du Conseil de sécurité, refusèrent de considérer. Il est vrai qu'une épidémie de choléra mobilisa dans un premier temps toute l'attention et l'énergie des acteurs de secours, du fait de son ampleur exceptionnelle (plusieurs dizaines de milliers de morts), et relégua à l'arrière-plan la question de l'attitude à adopter face aux assassins. Ce n'est donc qu'à l'automne 1994 que le problème fut posé sous la forme d'un appel lancé par les principales organisations non gouvernementales (ONG) œuvrant sur le terrain et adressé à Boutros Boutros-Ghali, alors Secrétaire général de l'Organisation des Nations unies. En dépit des efforts répétés de ce dernier, le Conseil de sécurité de l'ONU se refusa à discuter de l'envoi d'une force de police internationale chargée de séparer réfugiés et tueurs, enjeu de l'appel des ONG. La tâche était certes ardue, voire impossible à réaliser en totalité, mais il est permis de penser qu'un déploiement de plusieurs milliers d'hommes aurait pu contenir la réorganisation des troupes et milices qui étaient en train de prendre le contrôle des camps. Une déléguée du Haut Commissariat des Nations unies pour les réfugiés (HCR) me confia, lors d'une visite que j'effectuais sur place, que plusieurs centaines de tueurs nommément identifiés étaient employés par des ONG, en dépit des informations fournies à ce sujet par le HCR. Encore ne s'agissait-il que d'individus identifiés, et il ne fait aucun doute que c'est par milliers que se comptaient les ex-soldats, miliciens et administrateurs du génocide dans les rangs des humanitaires. C'est d'ailleurs de cette façon que l'on procède toujours, les ONG ne pouvant agir qu'avec du personnel recruté localement, lequel l'est généralement par le truchement d'intermédiaires qui disposent ainsi d'un grand pouvoir et de revenus substantiels. On en trouvera une illustration de plus à la lecture de ce livre, mais il n'était pas difficile de comprendre qu'en l'occurrence, on aidait une troupe défaite à se remettre sur pied, que l'on préparait, autrement dit, la prochaine guerre. Violences et menaces à l'encontre des récalcitrants et opposants réels ou supposés, chantage, recrutement forcé étaient monnaie courante dans les camps. Les exactions n'étaient pas commises au grand jour et il pouvait être difficile de les distinguer des faits divers et crimes de doit commun qui ne peuvent manquer d'exister dans une collectivité d'une telle taille. Mais tout cela était visible à qui voulait le voir.

Médecins sans frontières (MSF) décida de se retirer : à défaut de pouvoir empêcher un crime, pensions-nous, au moins fallait-il éviter d'y participer. Les autres ONG signataires de l'appel choisirent de rester, au motif symétrique qu'il ne leur revenait pas de prendre parti ou de se prononcer sur un conflit potentiel. L'empressement de la plupart des ONG humanitaires à s'en remettre aux politiques dominantes, au nom de l'impératif de neutralité dont elles se réclament, n'a jamais cessé de me surprendre.

Comme le rappelle Justine Brabant, d'importantes minorités rwandophones (« Banyarwandas » et « Banyamulenges ») étaient de longue date présentes dans la région et des milices locales, à la solde de politiciens zaïrois, étaient déjà engagées dans des violences à leur encontre. Attaques et contre-attaques avaient provoqué plus de 10 000 morts en 1993, comme dans une répétition générale des événements qui allaient se produire peu après. Il ne s'agit donc pas d'imputer aux humanitaires la responsabilité du déclenchement de la guerre en RDC. Le régime de Mobutu, allié indéfectible du « Hutu Power » rwandais, fut le principal soutien du gouvernement intérimaire rwandais à qui il offrit toutes les facilités d'installation et de combat. C'est à lui, ainsi qu'aux groupes armés soutenus par le FPR rwandais et par l'Ouganda de Yoweri Museveni, son président, que revient cette responsabilité. Néanmoins, en déclarant indistinctement « réfugiés » tous ceux qui avaient franchi la frontière à la suite de la victoire du FPR, les humanitaires – ONU et ONG confondues – ont participé à l'effacement de la distinction entre criminels de guerre et réfugiés – et, partant, à l'embrasement de la région.

En octobre 1996, à la suite d'affrontements entre armées zaïroise et rwandaise dans la région d'Uvira, les troupes conjointes du Rwanda, du Burundi et de l'Alliance des forces démocratiques de libération du Congo (AFDL, regroupant diverses forces d'opposition à Mobutu) lançaient l'assaut contre les camps. Plusieurs centaines de milliers de réfugiés se dispersèrent dans la région tandis que des combats éclataient en divers endroits du Kivu. Tout au long du mois de novembre, l'envoi d'une force internationale fut envisagé à l'ONU. Alors que Washington avait refusé toute participation à une force militaire au moment du génocide deux ans auparavant, le département d'État américain se déclarait prêt à envoyer 1 000 hommes au Zaïre. Le Conseil de sécurité autorisa le 15 novembre un déploiement de 10 000 à 15 000 hommes. La décision resta cependant lettre morte. Officiellement, les prises de vue aériennes effectuées par les États-Unis ne permettaient pas de localiser les réfugiés dans cette région forestière dense. Nul n'était dupe de ce prétexte grossier mais le projet d'intervention, qu'appelaient de leurs vœux tous les acteurs humanitaires, fit long feu. Fin novembre, 500 000 réfugiés rentraient au Rwanda tandis que 700 000 restaient au Zaïre, se dispersant dans l'Est du pays en proie à la guerre. Commença alors une longue traque par les groupes armés, au cours de laquelle près de 200 000 d'entre eux perdirent la vie, par épuisement et maladie pour la plupart, mais aussi sous les balles des exécuteurs. On peut être sceptique quant à la protection concrète qu'une force internationale aurait pu fournir dans un environnement politique aussi complexe et sur un territoire aussi vaste et difficile à parcourir. Reste que rien ne fut tenté et que la suite fut tragique.

Au cours des mois suivants se déroula l'épisode sans doute le plus sombre de l'histoire du mouvement humanitaire : les équipes de secours (Comité international de la Croix-Rouge, HCR et MSF notamment) furent méthodiquement utilisées par les groupes armés pour repérer les fuyards afin de les abattre. Des « officiers de liaison » de l'AFDL ou de l'APR accompagnaient en effet, officiellement pour des raisons de sécurité, les humanitaires dans leurs déplacements à la recherche des réfugiés. Une fois ceux-ci sortis de leurs caches forestières pour venir à la rencontre des humanitaires, les hommes de liaison communiquaient leur position aux troupes, qui venaient alors les abattre. Dans cet environnement dangereux, il fallut du temps aux organisations d'aide pour réagir à l'usage criminel qui était fait de leurs opérations de secours, c'est-à-dire le dénoncer et tenter de s'y dérober[1]. Jamais, dans une histoire marquée par des événements tragiques et des choix difficiles, l'humanitaire n'a été aussi directement impliqué dans des crimes de masse. De rudes discussions eurent lieu entre sections de MSF en désaccord sur l'attitude à adopter, ainsi qu'entre MSF et les Nations unies : le rapatriement des réfugiés au Rwanda, organisé par le HCR, fit ainsi l'objet de critiques publiques, MSF estimant que le retour équivalait pour la plupart d'entre eux à une condamnation à mort. Le FPR s'étant illustré par des massacres de grande ampleur,

1 Médecins sans frontières, « Traque et massacres des réfugiés rwandais au Zaïre-Congo, 1996-1997 », avril 2004 (disponible sur <http://speakingout.msf.org>).

ces craintes n'étaient pas gratuites, mais elles furent heureusement en l'espèce infondées.

Je connaissais de longue date Sérgio Vieira de Mello, conseiller spécial de Mme Sadako Ogata, Haut Commissaire aux Réfugiés (il a perdu la vie à Bagdad dans l'attentat d'août 2003 contre les Nations unies). À la suite de critiques que j'avais publiées en Suisse, traitant le HCR de « Haut Commissariat au Refoulement », il demanda à me rencontrer dans le but, me dit-il, de m'expliquer la position de son institution. La conversation fut franche et cordiale, dirait un communiqué diplomatique. Nous convînmes sans peine que personne ne pouvait prétendre détenir la bonne réponse face à un tel désastre, l'hypothèse de l'intervention internationale que réclamaient les ONG étant dépassée. Je lui fis néanmoins remarquer que la confusion entre réfugiés et assassins était pour quelque chose dans la situation du moment, et que c'était bien au HCR que revenait en l'occurrence le pouvoir d'octroyer ou refuser le statut de réfugié. Pourquoi, lui demandai-je, Mme Ogata, garante du statut de réfugié, n'avait-elle pas refusé de se prêter à ce faux-semblant alors que les enjeux avaient été publiquement posés dès l'automne 1994 et que le Secrétaire général avait lui-même, et à plusieurs reprises, proposé d'agir dans ce sens ? Quelque peu gêné, il me répondit que la Haut Commissaire se préparait à briguer le poste de Secrétaire général des Nations unies et qu'il lui paraissait alors inopportun d'entrer dans un rapport de forces public avec les membres permanents du Conseil de sécurité. Petites causes, grands effets…

Le conflit à l'Est de la RDC a été décrit comme la « Première Guerre mondiale africaine » en raison de l'implication – officielle et officieuse – d'une dizaine de pays africains, auxquels s'ajoutent les contingents militaires de l'ONU et les ingérences continues des voisins ougandais et rwandais.

Les chiffres généralement avancés par la presse, les Nations unies et les ONG sont vertigineux : on parle de six, voire sept millions de morts, de plusieurs millions de déplacés, de dizaines de milliers de viols. Une ONG américaine, International Rescue Committee (IRC), a été le commanditaire d'enquêtes répétées de mortalité en RDC effectuées au cours des années 2000 sous la direction d'un épidémiologiste réputé de l'université Johns Hopkins, ce qui contribua certainement à assurer leur crédibilité. Ces évaluations, ainsi que le rappelle Justine Brabant, ne résistent cependant pas à un examen sérieux : elles résultent d'extrapolations faites à partir des mesures les plus élevées, généralisées à l'ensemble du Kivu et à toute la période considérée, comme si un massacre ou un affrontement dans un lieu donné était représentatif de violences exercées partout et à tout moment. Comme si, autrement dit, guerre et massacres faisaient rage en permanence et en tous lieux dans cette région.

S'il est impossible de fournir des contre-données fiables, on peut toutefois remarquer que le nombre limité d'hommes en armes n'est pas compatible avec les hypothèses avancées par l'IRC. On ajoutera que 98 %, voire 99 %, de la mortalité sont imputés à la maladie et à la malnutrition, non à des blessures, sous l'hypothèse que ces pathologies ont été mortelles du fait de la guerre et donc, qu'en l'absence de celle-ci, les patients auraient survécu. S'il est pleinement justifié de prendre en compte la mortalité indirecte due à la guerre, il n'est pas raisonnable de le faire dans une proportion proche de 1 à 100 comme le propose cette enquête. Des investigations analogues effectuées au Darfour à la même période intègrent la mortalité indirecte dans une proportion de 1 à 2, soit deux victimes de maladies pour une victime de violences directes, ce qui est sans aucun doute plus proche de la vérité.

Quelles sont les raisons d'une telle exagération ? La description honnête de la cruelle réalité de cette guerre ne suffisait-elle pas ? Manifestement pas pour les auteurs de cette enquête, qui n'ont pas eu à s'en expliquer, leurs conclusions ayant été très largement reprises sans distance, en dépit de sérieuses critiques formulées notamment par des universitaires américains. Dans ce contexte de violences prolongées, les agressions et tortures sexuelles ont prospéré et ont également fait l'objet de mesures, propulsant la RDC en épicentre mondial du viol. Si la réalité de ces exactions ne fait malheureusement aucun doute, leur quantification n'échappe pas aux interrogations précédentes, et cela d'autant moins que l'assistance aux femmes violées occupe une place de choix dans les priorités des bailleurs de fonds. Contrairement à ce qui en est bien souvent dit, les fistules vésico-vaginales sont dans leur majorité le résultat d'accouchements difficiles, bien plus que de viols multiples. On verra à la lecture du livre de Justine Brabant que les dizaines de milliers de femmes opérées avec succès pour cette pathologie très invalidante sont abusivement considérées comme des survivantes de viols, selon la terminologie désormais en vigueur dans le milieu de l'aide.

Notons au passage que la passivité intellectuelle face à ces questions contraste avec la controverse qui se développa au moment de l'attaque des camps et du retour d'une partie des réfugiés au Rwanda, en novembre 1996. Les 700 000 personnes manquantes, celles qui étaient dispersées dans la région et que les satellites américains n'avaient pas su repérer, firent l'objet d'âpres contestations. Niant purement et simplement l'existence de ces réfugiés, certains observateurs estimaient qu'ils étaient tous rentrés chez eux. D'autres affirmèrent que leur nombre était bien inférieur à 700 000, négligeable en quelque sorte. MSF, pour sa part, fut pris à partie dans la presse européenne pour avoir dit publiquement qu'entre 10 000 et 15 000 d'entre eux étaient menacés de mort imminente si rien n'était fait, compte tenu des conditions effroyables de leur vie en forêt. Il ne s'agissait pas là d'une enquête mais d'une estimation conservatrice, fondée sur une expérience de situations de déplacements massifs. En matière d'aide internationale comme dans d'autres domaines, l'analyse de la production et de la réception des chiffres comme celle de leur usage politique, réserve bien des surprises...

Justine Brabant n'ignore rien de ces controverses et incertitudes qu'elle sait restituer à point nommé dans le cours du récit, mais c'est à hauteur d'homme qu'elle se situe, forte par ailleurs d'une solide connaissance du pays et de son histoire. À de futurs historiens, Lucien Febvre conseillait de se mêler à la vie et c'est bien ce qu'a fait l'auteure de ce livre, au prix de mille difficultés qu'elle n'évoque qu'en passant, et avec une obstination qui force l'admiration. Nul doute qu'en refermant cet ouvrage, écrit d'une plume vivante et alerte qui invite à se mettre dans les pas de l'auteure, le lecteur comprendra mieux les ressorts d'un conflit qui paraîtra moins ténébreux à ses yeux.

I

La liste

Zabuloni

Bukavu, Sud-Kivu

Réunis autour du petit poste de télévision, fils et petits-fils du chef de guerre sont plongés dans *24 Heures chrono.* Ils ont trouvé des DVD piratés de la série américaine sur un marché de Bukavu. Je donne quelques coups sur la porte en fer pour m'annoncer. L'un d'eux se lève pour m'ouvrir. La maison de la famille Zabuloni est sans fioritures. Accrochés au mur, une horloge et le calendrier promotionnel d'une coopérative de crédit. Dans un coin de la pièce, un œil sur la télé, l'un des petits-fils fait du repassage. Son grand-père sort d'une des chambres en grommelant, clopine jusqu'à l'un des canapés et s'y assoit avec soulagement. Visage carré mais regard fatigué, le vieil homme semble avoir laissé ses forces quelque part derrière lui. Sans doute au maquis, où il a passé trente ans de sa vie.

L'un des fils de Zabuloni s'éclipse, puis revient au salon les bras chargés d'un paquetage kaki. Ce sont les uniformes du chef de guerre. Ceux du temps où il était insurgé, et ceux qu'il possède désormais au sein de l'armée congolaise. Il y a quelques années, le guerrier a en effet consenti à quitter le maquis pour gagner les rangs des forces armées régulières. Les plus anciens sont vert bouteille uni, les plus récents à motif camouflage. On brandit une petite bande de tissu rouge :

– Le grade de général.

– Je pensais que Mzee Zabuloni était colonel ?

– Il est général. Général mayi mayi !

Les Mayi Mayi, myriade de groupes armés locaux congolais, dont Zabuloni fut l'une des figures, se sont dotés de grades semblables à ceux de l'armée régulière. Il possède donc à la fois la bande rouge de général chez les Mayi Mayi, et le tissu jaune de colonel de l'armée congolaise : un galon jaune vif, cousu de deux têtes de léopard dorées. Les plus jeunes de ses fils, qui ont enfilé les vestes de treillis, se chamaillent pour attraper les distinctions et se les passer à l'épaule. Ils dénichent également quelques bérets et, ainsi parés, froncent le sourcil et bombent le torse avant de partir dans de grands éclats de rire.

Le vieil homme reste impassible. Ses fils l'appellent « Mzee », « vieux » en swahili, marque d'affection et de respect. Ils entreprennent de me raconter sa vie, mais n'arrivent pas à se mettre d'accord. Est-il né en 1926, ou en 1936 ? Une chose est sûre : il a pris les armes dans les années 1960, puis a de nouveau combattu en tant que Mayi Mayi lors des deux « guerres du Congo », au milieu des années 1990. C'est durant celles-ci qu'il s'illustre le plus, prenant la tête d'une brigade et devenant un important chef de guerre du Sud-Kivu.

*

L'agent fédéral Jack Bauer n'a pas eu le temps de sauver les États-Unis : la coupure d'électricité quotidienne est venue interrompre *24 Heures chrono*. Les fils et petits-fils de Zabuloni prennent leur mal en patience. J'en profite pour exposer la raison de ma venue. La petite assemblée écoute avec attention. Le vieux opine du chef, mais quelques questions le tourmentent. L'un de ses fils, Kasenga[1], traduit du français au kifulero, et inversement.

– Un livre ? Pourquoi elle veut écrire un livre ?

– Pour que les gens là-bas, en Europe, sachent ce qui se passe ici.

– Les autres Blancs vont le lire ?

– Peut-être.

– Alors, il faudra qu'elle leur explique que nous ne sommes pas des bandits ni des criminels, comme cela se dit par chez eux.

Mzee dit vrai. Nous sommes plus souvent tentés de dépeindre les combattants de l'Est congolais en criminels qu'en hommes et femmes qui pourraient avoir des raisons politiques et économiques de se battre. Jacques Chirac, Valérie Trierweiler, Erik Orsenna et quelques autres ont signé dans *Le Monde*, un mois plus tôt, une tribune sur la situation au Congo. Ils y décrivent les combattants des Kivus comme des « bandes de mercenaires et de pillards de toutes sortes » qui martyrisent les populations,

1 Certains noms ont été changés, comme c'est le cas ici.

massacrent les enfants et violent les femmes par centaines de milliers.

Dehors, l'orage guette. Les fils Zabuloni, informés de mes projets, devisent sur mon sort.

– Comment va-t-elle aller voir les chefs de guerre ? Ils sont dans les montagnes, là où même les motos n'arrivent pas.

– Elle ira à pied, explique Kasenga.

– Est-ce qu'elle pourra ? s'interroge un autre des fils. Les montagnes, la marche, la fatigue…

– Elle pourra. Ici, ils ne se déplacent que dans leur Land Cruiser mais, en Europe, les Blancs marchent, parfois de longues distances.

Des Blancs, dans le quartier où habitant les Zabuloni, on n'en voit pas beaucoup. Et ceux que l'on rencontre dans le centre-ville se déplacent plus souvent dans le 4 x 4 de leur organisation non gouvernementale (ONG) ou d'une agence des Nations unies qu'à pied.

Le grand-père émerge de son demi-sommeil. Il adresse une longue tirade à Kasenga. Celui-ci opine, puis me traduit :

– Mzee t'a écoutée. Il approuve ton projet, et espère que tu pourras rencontrer de nombreux combattants pour comprendre ce que nous vivons ici. Il m'a chargé personnellement de tout faire pour t'aider dans tes recherches. Nous pourrons aller ensemble voir Fujo, mon frère qui a déserté l'armée pour retourner au maquis, et d'autres, si tu le souhaites. Mzee dit aussi que partout où tu vas au Sud-Kivu, si tu mentionnes son nom, tu seras bien reçue. Car les gens savent ce qu'il a fait, et le respectent.

Kasenga semble hésiter avant de poursuivre :

– Mzee a aussi… Il a une demande pour toi.

– Laquelle ?

– Il voudrait que, si nous voyons Fujo, nous lui transmettions un message de sa part.

Je réfléchis. Comment m'acquitter de cette tâche ? Je doute que le grand-père soit en état d'écrire une longue lettre.

– Je peux le filmer avec mon appareil photo, et montrer son message à Fujo si nous parvenons à le rencontrer.

La famille semble apprécier l'idée. Du fond de son fauteuil, le regard cherchant la caméra, le vieux Zabuloni adresse donc un message à son fils. Un message dont, à ce moment, je ne mesure pas encore l'importance.

*

Kasenga sera donc mon compagnon de route à travers une partie du Sud-Kivu. C'est avec son aide qu'il faudra que j'apporte à son frère le message vidéo de Mzee, leur père. Nous nous retrouvons quelques jours plus tard dans un bar du centre-ville. Avec ses jeans, ses chemises et son français assuré, ce presque trentenaire semble plus à l'aise à la ville que ses frères passés par le maquis. Tout fils de général qu'il est, il ne nourrit pas d'intérêt particulier pour la chose militaire. Pour l'heure, il voudrait terminer tranquillement ses études de sciences administratives à l'université de Bukavu.

Le débit de boisson est baigné d'odeurs de grillades et de bière tiède. Le gérant qui l'a aménagé a eu du flair : chaque soir y amène son lot de travailleurs pressés de se délasser. Ils laissent tomber leur téléphone portable sur l'une des tables en plastique, s'asseyent avec soulagement et lancent un tonitruant « *Bahumu !* » pour appeler un serveur. *Bahumu* : littéralement, « les gens d'ici ». Ces derniers parent au plus pressé, viande de chèvre en brochettes et bouteilles de bière ou de soda à la main. Leurs allées et venues sont rythmées par la voix doucereuse de Koffi Olomide, dont le dernier tube jaillit de grosses enceintes. Mais Kasenga n'est pas venu prendre du bon temps. Il s'informe de l'avancée de mes recherches et sort de sa poche de chemise un petit carnet de notes sur lequel il a noté au stylo bleu :

1. Général Zabuloni Rubaruba, Bukavu
2. Général Dunia, Bukavu
3. Colonel Ruharara Jeannot, Sange
4. Colonel Abdou, Luvungi
5. Colonel Fujo, à la montagne
6. Colonel Mwenyemali, colline d'Uvira
7. Colonel Nyerere, à la montagne
8. Commandant Yakutumba, à Bubembe
9. Commandant Nyakiriba, à Shabunda-Mwenga
10. Commandant Ngomanya, à Mwenga

Autorités civiles :

11. Martin N.
12. Jean W.

Il arrache la feuille de son carnet, la plie en quatre et me la tend.

Le naufrage congolais

Bien connu au Sud-Kivu, le nom de Zabuloni ne dit pourtant rien à la plupart des habitants de la capitale congolaise, Kinshasa. Puissants dans leurs fiefs, les chefs de guerre de l'Est sont relativement inconnus au-delà. Pour les Congolais de Kinshasa, comme d'ailleurs pour les observateurs étrangers, le déluge de noms de chefs insurgés et d'acronymes désignant des mouvements armés a de quoi faire passer l'envie de comprendre ce qui se passe dans les Kivus. L'appellation « Kivu » elle-même n'est-elle pas troublante, conjuguée tantôt au singulier (référence au découpage administratif qui prévalait jusqu'en 1988), tantôt au pluriel (pour désigner à la fois le Nord-Kivu et le Sud-Kivu, les deux provinces officiellement reconnues aujourd'hui) ?

Les commandants des forces qui s'y affrontent aujourd'hui contrôlent rarement plus de quelques centaines de combattants. Par le passé, quelques insurrections plus unifiées ont vu le jour, mais elles se sont progressivement délitées. Si j'ai choisi de commencer ce livre par ma rencontre avec Zabuloni, ce n'est donc pas parce qu'il est connu à travers tout le pays : il est surtout une figure importante dans les environs d'Uvira, sa ville d'origine. C'est plutôt parce que son parcours est emblématique de celui de nombre de commandants de l'Est congolais. Or c'est dans ces provinces orientales, à la fois point de départ de la rébellion qui fit chuter Mobutu dans les années 1990, lieu où se formèrent aux armes les deux présidents qui lui succédèrent (Laurent-Désiré Kabila puis Joseph Kabila, son fils) et zone de frictions incessantes avec le voisin rwandais, que s'est joué l'essentiel de l'histoire récente du Congo.

Une histoire complexe et foisonnante : dans son *Congo. Une histoire,* l'écrivain belge David Van Reybrouck en retrace talentueusement les grandes lignes en sept cents pages. Devoir la résumer en quelques paragraphes donne à peu près le sentiment de devoir écrire, sur la même longueur, l'histoire de l'Europe depuis 1945. Mais ce récit est nécessaire : refuser de faire l'effort de comprendre ce qui se trame depuis vingt ans dans cette région reviendrait à tirer un trait sur les millions de victimes d'un conflit dans lequel les pays occidentaux ont leur part.

*

Né au Sud-Kivu de parents cultivateurs, Zabuloni a été formé aux armes lors des insurrections qui éclatèrent quatre ans après l'indépendance de l'ancien Congo belge, en 1960. Il prend part à un mouvement révolutionnaire lancé par des partisans de Patrice Emery Lumumba, le premier Premier ministre élu du Congo indépendant, assassiné en 1961. Le nom de leur organisation : le Comité national de libération. Soutenu par Moscou et Pékin, il réclame une « décolonisation totale et effective du Congo ». Ses combattants, souvent très jeunes, se font appeler les Simba (« lions », en swahili). Zabuloni Rubaruba, que ses proches n'appellent pas encore « Mzee », prend part au mouvement. Il opère dans les montagnes qui surplombent Ndolera, dans la plaine de la Ruzizi. Les Simba parviennent à arracher à l'armée congolaise plusieurs villes de l'Est, mais l'insurrection tourne court en novembre 1964, lorsque la Belgique envoie ses parachutistes reconquérir Stanleyville. Les rebelles viennent d'y proclamer la « République populaire du Congo ». Ils sont délogés par leurs anciens colons. Un allié de poids tente pourtant de prêter main-forte aux Simba : Ernesto Che Guevara, qui se rend au Congo en 1965 accompagné de cent mercenaires cubains, espérant y ouvrir un front révolutionnaire qui fera tache d'huile en Afrique. Il repartira sept mois plus tard, vaincu, déçu et très critique du manque de discipline et d'idéologie des combattants congolais.

Après la débâcle, une partie des dirigeants Simba est contrainte de s'exiler en Tanzanie, au Burundi et en Ouganda. Zabuloni cherche à fuir en Tanzanie. Mais les autorités parviennent à l'en empêcher. Alors qu'il essaie de se faire oublier du pouvoir, un des dirigeants Simba exilés tente d'allumer un nouveau foyer d'insurrection : Laurent-Désiré Kabila. Il quitte la Tanzanie en 1967 et retourne au Congo avec une poignée d'hommes et d'armes. Installé dans la zone de Fizi, au sud du Sud-Kivu, Kabila parvient à mobiliser massivement les habitants lassés des brutalités des Forces armées zaïroises (FAZ) fidèles au président Mobutu, qui mènent des actions de représailles contre les individus soupçonnés d'avoir pris part à la rébellion de 1964-1965. C'est le « maquis Kabila ». Il tiendra jusqu'en 1986.

Dix ans plus tard, Laurent-Désiré Kabila réapparaît : il est propulsé porte-parole de l'Alliance des forces démocratiques pour la libération du Congo (AFDL), une coalition d'opposants au maréchal Mobutu. Ce dernier, en trente ans de règne, n'a pas seulement renommé le Congo « Zaïre ». Il a surtout plongé le pays dans une crise économique sans précédent et muselé toute expression dissidente. Pour maintenir un climat de terreur, le maréchal a mis en place une demi-douzaine de services de renseignement, ainsi qu'une armée parallèle, la Division spéciale présidentielle. Cette dernière torture, tue et se débarrasse des corps des opposants en les jetant d'hélicoptère.

Mais l'AFDL ne rassemble pas seulement des Congolais critiques de la dictature : elle est soutenue par les armées ougandaise, rwandaise et burundaise. Aux yeux du gouvernement rwandais, le soutien à l'AFDL est surtout l'occasion d'envahir le Zaïre pour y pourchasser les Interahamwe. Ces miliciens hutus rwandais, auteurs du génocide des Tutsis en 1994, ont trouvé refuge au Zaïre voisin avec l'aide de la France lors de la controversée opération Turquoise. En six mois, d'octobre 1996 à mai 1997, l'AFDL réussit l'exploit improbable de traverser le pays d'est en ouest : 1 500 kilomètres à vol d'oiseau, soit la distance qui sépare Paris de la Biélorussie. La conquête est assortie de son lot de massacres de civils et de réfugiés. Lorsque ces troupes arrivent à Kinshasa le 17 mai 1997, Mobutu, le dictateur à la toque de léopard, s'enfuit. C'est la fin de la première « première guerre du Congo » (1996-1997).

Zabuloni n'est pas de la partie. Mais il reprend les armes deux ans plus tard. En août 1998, une nouvelle opposition armée se déclare. Une nouvelle fois, c'est à l'Est, dans les provinces des Kivus, qu'elle naît. Son nom : le Rassemblement congolais pour la démocratie (RCD). Sa création est la conséquence de la rupture de Kabila avec les alliés rwandais et ougandais qui lui ont permis de conquérir le pouvoir en 1997. Las d'apparaître comme la « marionnette des Rwandais », Kabila annonce unilatéralement « la fin de la présence de toute force militaire étrangère dans le pays ». L'armée rwandaise ne l'entend pas de cette oreille. Elle forme et arme des combattants qui vont constituer le noyau dur du RCD. L'Ouganda, de son côté, crée le Mouvement de libération du Congo (MLC), qui opère au nord-ouest du pays.

Face aux troupes du RCD, perçues comme des forces d'occupation étrangères, des habitants des Kivus s'organisent en groupes d'autodéfense : les Mayi Mayi. Zabuloni est le chef de l'un d'entre eux. Il retourne s'installer avec ses hommes dans les montagnes du Sud-Kivu, propices à la guérilla. Une dizaine de « brigades » mayi mayi s'organisent, soutenues par Kinshasa, qui leur livre des armes par avion.

En plus des Mayi Mayi, les autorités congolaises peuvent compter sur leurs alliés étrangers, notamment angolais, namibiens et zimbabwéens. Au total, les armées de sept pays entrent en guerre sur le sol congolais : le Congo lui-même, le Rwanda, le Burundi, l'Ouganda, l'Angola, la Namibie et le Zimbabwé. La seconde guerre du Congo est parfois appelée la « Grande Guerre africaine ». Les violences jettent plus de 200 000 personnes sur les routes. Sur les télévisions occidentales, les files de déplacés et de réfugiés s'étirent, matelas sur la tête et faim au ventre. Le monde prend la mesure du naufrage congolais. Débutée en

1998, la seconde guerre du Congo prend fin en 2003 avec la mise en place d'un gouvernement de transition. Une nouvelle armée nationale est formée. Sous le nom de Forces armées de la République démocratique du Congo (FARDC), elle réunit les adversaires d'hier : chaque nouvelle « brigade intégrée » comprend des soldats de l'ancienne armée congolaise, ainsi que des combattants du MLC, du RCD et des Mayi Mayi. Zabuloni l'intègre avec le grade de colonel. Le titre est surtout symbolique : l'homme, déjà vieux, n'est plus en mesure d'exercer une fonction d'importance.

Depuis, le vieux Zabuloni garde chez lui, côte à côte, ses uniformes de chef mayi mayi et de colonel de l'armée régulière. Mais la fin de la seconde guerre du Congo n'a pas signifié la paix. D'autres mouvements armés soutenus par le Rwanda ont vu le jour, provoquant chez les habitants des Kivus – et du Congo en général – une vive défiance envers l'encombrant voisin. En 2005, des anciens du RCD refusant le « brassage » avec leurs adversaires d'hier forment une nouvelle rébellion : le Congrès national pour la défense du peuple (CNDP), présent au Nord-Kivu, dans les territoires de Masisi et Rutshuru. Son chef militaire, Laurent Nkunda, est un ancien du RCD, proche de Kigali. Les combats entre CNDP et armée congolaise prennent fin en janvier 2009.

Sept ans après la création du CNDP, l'histoire bégaie. En 2012, un groupe d'anciens du CNDP insatisfaits de l'application des accords de paix entre leur mouvement et les autorités congolaises crée un nouveau groupe armé, le Mouvement du 23 mars (M23). Il parvient à contrôler une partie du territoire de Rutshuru et s'empare brièvement de la ville de Goma avant d'être défait militairement par l'armée congolaise aidée des casques bleus de la Monusco, en novembre 2013. La présence de ces mouvements soutenus par Kigali n'est pas la seule source de violence armée : à l'image de Fujo, le fils de Zabuloni, de nombreux chefs mayi mayi ont eux aussi déserté les FARDC, préférant continuer d'exercer leur contrôle sur de petites portions de territoire.

*

La région n'a pas connu la paix depuis le milieu des années 1990. Les organisations humanitaires estiment que le cycle de violences qui agite le Congo a causé plusieurs millions de morts, sans qu'il soit possible de les dénombrer précisément. La guerre la plus meurtrière depuis la Seconde Guerre mondiale. Ces violences ininterrompues ont provoqué un désastre économique et sanitaire sans précédent. Il faut lire et relire les chiffres produits par les humanitaires pour réaliser son ampleur. La République démocratique du Congo (RDC) compte 2,9 millions de déplacés internes sur une population totale de 60 millions d'individus. Près de neuf Congolais sur dix vivent sous le seuil de pauvreté (fixé à 1,25 dollar par jour, soit 0,90 euro). Un habitant sur cinq a accès à l'eau potable. Un tiers des enfants en âge d'aller à l'école ne sont pas scolarisés. L'espérance de vie à la naissance y est de cinquante ans. Le pays occupe depuis 2011 le dernier rang de l'indice de développement humain du Programme des Nations unies pour le développement, qui prend en compte l'espérance de vie à la naissance, le niveau d'études ainsi que le niveau de richesse. Face à cela, l'État congolais dispose, pour administrer un territoire grand comme l'Europe occidentale, d'un budget inférieur à celui de la ville de Paris.

Un conflit oublié ? Pas exactement. Les États européens et les États-Unis y font assaut de diplomatie et y lancent des cortèges d'aide humanitaire. Le pays accueille depuis 1999 la plus importante mission de maintien de la paix des Nations unies du monde en termes de budget (la Monusco, anciennement Monuc, dont le budget annuel était en 2014 d'un peu plus d'un milliard d'euros). Plus de deux cents organisations non gouvernementales, nationales et internationales, actives dans l'aide humanitaire d'urgence et le développement, sont également présentes.

Mais l'importance du dispositif diplomatique, humanitaire et militaire international déployé en RDC tranche singulièrement avec la connaissance que le public occidental a de ce qui s'y passe. La guerre dans l'est de la RDC n'est pas un « conflit oublié » mais, plus certainement, un conflit mal regardé. Les récits qui nous en parviennent sont le plus souvent des témoignages de victimes, importants, mais qui laissent dans l'ombre une question essentielle : qui sont ceux qui se battent ? Comment, et pourquoi, ont-ils pris les armes ?

Les clichés

Près de deux ans ont passé depuis que Kasenga m'a donné sa liste. Sur mon ordinateur, un volumineux dossier « Congo » est apparu. Le sous-dossier le plus fourni est celui où je range mes photos. Je le passe en revue. Sur ces clichés, la première chose qui frappe, c'est le vert, omniprésent : celui des collines, des bananeraies, des forêts de bambous ou de feuillus, des treillis, des pâturages, des eaux du lac Kivu. Tout pousse ou presque sur ces terres particulièrement fertiles.

À l'avant-plan de ces paysages, des portraits en pied pour l'essentiel. Pour quelques-uns, ce sont des soldats de l'armée régulière, béret descendu à hauteur de sourcils, rangers noires cirées avec soin et galons à l'épaulette. Au début de mon enquête, je me suis griffonné un pense-bête pour ne pas risquer de saluer avec plus d'empressement un sous-lieutenant qu'un général des armées. J'ai mémorisé soigneusement : passants bleus pour les sous-officiers, jaunes pour les officiers supérieurs (une tête de léopard dorée y est cousue : c'est un major, deux têtes : un lieutenant-colonel, trois têtes : un colonel), rouge pour les vraiment très haut-gradés.

Plus nombreuses sont les photos de membres de groupes armés irréguliers. Ils peuvent être confondus avec l'armée régulière, dont ils portent parfois l'uniforme – certains sont passés par ses rangs. Ici, un colonel de l'Alliance patriotique pour un Congo libre et souverain (APCLS) prend la pose. Je ne me suis jamais expliqué pourquoi il portait ce jour-là un bonnet de père Noël. Là, un jeune combattant des Mayi Mayi Sheka est assis à côté d'un pèse-bébé. Nous nous étions installés dans le poste de santé du village pour discuter car il y avait de l'ombre et des bancs. Sur une autre photo encore, un général des Rayia Mutomboki qui, en pleine forêt de Shabunda, avait insisté pour poser avec son chien de compagnie. Beaucoup de jeunes gens vêtus de survêtements de sport et de bottes en plastique appelées là-bas « godillots ». En arrière-plan, des collines souvent, des forêts parfois, le crépi de l'intérieur d'une maison lorsque j'ai craint que sortir dans la rue avec mon appareil n'attire l'attention d'un agent des services de renseignement ou, tout aussi redoutable, d'une foule d'enfants curieux.

Je n'ai pas de goût particulier pour les photos posées mais, au Congo, et *a fortiori* avec des membres de groupes armés, il faut s'y faire : rares sont les occasions de saisir des images spontanées. Les combattants préfèrent les poses, et tenter de passer outre en les prenant en dehors de ce cadre expose au risque d'être soupçonné d'espionnage. Une parade consiste à commencer à déclencher alors qu'ils ne sont pas tout à fait prêts. Ces quelques secondes durant lesquelles ils cherchent le bon geste saisissent parfois des choses étonnantes, comme ce combattant d'un groupe basé dans les Moyens Plateaux, qui semble très sincèrement se demander ce qu'il fait avec un lance-roquettes à la main ; ou ce portrait de Janvier Buingo, le chef de l'APCLS – l'un des plus grands groupes armés du Nord-Kivu – effacé, presque absent, perdu dans ses bottes en plastique blanches soigneusement brossées. Des visages avenants s'efforcent de mimer la défiance. D'autres au contraire s'éclairent pour l'objectif.

La pose qu'ils se choisissent donne une idée de l'image que ces individus et groupes ont à cœur de renvoyer. Lorsque je propose une photo, certains vont chercher leurs plus grosses armes. Il n'est pas rare que les chefs laissent ostensiblement le matériel de combat à leurs subalternes et préfèrent brandir leur bâton de marche ou leur talkie-walkie. D'autres encore se contentent de se tenir raides comme des piquets, le regard au loin.

Je cherche des photos moins statiques, moins posées. J'en trouve quelques-unes, de files de combattants qui marchent dans des collines. Je me souviens de ces marches que j'ai terminées épuisée à force de m'arrêter, cadrer, déclencher, puis courir pour rattraper mon retard dans la colonne au rythme soutenu.

Toujours dans le dossier « Congo », il y a un fichier vidéo. Un très vieil homme fait face à la caméra et parle en langue kifulero – c'est Zabuloni qui s'adresse à son fils resté au maquis. Une seconde vidéo montre le chef du groupe mayi mayi Yakutumba, en chemise violette, face à une petite foule compacte de villageois. C'était début 2013. Je cherchais à le rencontrer depuis un moment. Je piquais vers son fief, au sud du Sud-Kivu, en moto, un attroupement dans un village m'avait intriguée, je m'étais approchée, c'était heureux : Amuri Yakutumba lui-même était là, tenant un meeting improvisé. Poignée de main, présentations, nous convenons de nous revoir le lendemain à Baraka, une grosse bourgade des environs. Il n'est jamais venu. Sans rancune : je crois que ce n'est pas moi qu'il fuyait, plutôt la délégation de l'état-major de l'armée congolaise qui l'attendait elle aussi sur place.

*

Mon dossier « Congo » contient aussi des dizaines de documents produits par les représentants politiques de groupes insurgés : des catalogues de revendications intitulés « cahiers des charges », des communiqués plus ou moins flamboyants, des lettres interpellant Ban Ki-Moon, des proclamations de listes d'état-major, des adresses à la population congolaise. Les noms de ces groupes sont pleins d'« union », de « défense », de « peuple congolais », de « patriotique », plus rarement de « libération ». Les cachets avec lesquels ils signent leurs déclarations mêlent dessins de colombes, flèches, lances et contours des frontières de la République démocratique du Congo.

Pour donner sens à ce déluge d'acronymes, je m'appuie sur une précieuse carte établie par un ami chercheur, Christoph Vogel. Elle figure l'« Est » au sens où l'entendent les Congolais : les provinces du Nord et du Sud-Kivu ainsi que, dans une moindre mesure, le nord du Katanga et le district de l'Ituri, où opèrent également quelques groupes armés. Sur la carte générale du Congo, cet Est représente une étroite bande frontalière, aux dimensions presque anecdotiques. C'est oublier que le Congo est un géant : à elles deux, les provinces des Nord et Sud-Kivu font plus de quatre fois la taille de la Belgique.

La droite de la page est bordée de longues formes bleues : les grands lacs qui ont donné leur nom à la région, et marquent la frontière avec les pays voisins du Congo. S'il y avait un peu plus de place, on pourrait dessiner quelques *mukeke* (poissons capitaine) dans le lac Tanganyika, des bancs de *sambaza* (fretin) dans le lac Kivu et des rangées d'avocatiers sur les rivages. Mais là n'est pas l'idée. Sur la carte établie par Christoph, une trentaine de cercles de couleur recouvrent la quasi-totalité du Nord et du Sud-Kivu. À chaque cercle correspond un nom, indiqué en légende. « APCLS », « Rayia Mutomboki » ou encore « Mayi Mayi Fujo » : en 2014, ils étaient trente-quatre groupes armés en tout, à se partager le contrôle des provinces orientales du Congo. Le chiffre varie à chaque fois que Christoph actualise la carte, soit une fois tous les six mois environ : des groupes disparaissent, d'autres naissent, beaucoup se déchirent en sous-factions.

Je me penche sur ces différents cercles de couleur. Je repère ceux des principaux groupes actuellement présents dans les Kivus : l'APCLS (que j'associe toujours à son chef Janvier et ses bottes de caoutchouc blanc), les Rayia Mutomboki (nom qui signifie « citoyens en colère » en swahili) et les rebelles rwandais des Forces démocratiques de libération du Rwanda (FDLR), constitués en partie d'ex-Interahamwe, qui se sont durablement installés dans les forêts du Congo. Une large sphère d'influence n'est pas forcément synonyme d'une force militaire exceptionnelle. L'APCLS passe presque inaperçu, petit cercle rouge au milieu du Nord-Kivu. Avec son millier d'hommes, il fait pourtant partie des cinq groupes armés actifs les plus importants des Kivus. Son ennemi principal est une autre tache de couleur, plus à l'ouest : le Nduma Defense for Congo (NDC), avec qui l'APCLS se dispute le contrôle de carrés miniers.

Sur le papier, les Rayia Mutomboki installés dans la province de Shabunda, eux, en imposent : ils sont représentés par un long arc de cercle, qui s'étire sur plus d'une centaine de kilomètres dans la partie ouest du Sud-Kivu. Mais la puissance de feu des « citoyens en colère » n'est pas proportionnelle à l'étendue de leur sphère d'influence : ils ne sont pas aussi bien équipés que l'APCLS du général Janvier, et se déchirent régulièrement en sous-factions. Les FDLR rwandais figurent eux aussi dans le carré de tête des groupes qui prennent de la place sur la carte. Ils dépassent d'ailleurs l'APCLS en moyens et en savoir-faire, mais les opérations menées contre eux par l'armée congolaise aidée des casques bleus déployés dans la région les affaiblissent continuellement depuis vingt ans.

Au bas de la carte de Christoph, la constellation de groupes mayi mayi du Sud-Kivu attire mon œil. C'est là que Zabuloni opérait. C'est là qu'opère toujours, aujourd'hui, son fils Fujo. Les Mayi Mayi du Sud-Kivu sont les groupes de l'Est que je connais le mieux : étudiante, j'ai travaillé sur leurs alliances. Plus tard, comme chercheuse, je suis retournée les voir. Ils sont parfois décrits comme des guerriers « traditionnels », réputés combattre nus, armés de lances, et s'asperger d'eau magique « antiballes ». La réalité est moins exotique : je n'ai jamais croisé de combattant nu, et s'ils croient effectivement aux pouvoirs magiques de certains rituels d'aspersion, ils ont depuis longtemps troqué leurs lances traditionnelles pour des lance-roquettes.

Un coup d'œil à la carte de Christoph permet de comprendre que le « mouvement mayi mayi » recouvre aujourd'hui une réalité hétérogène. Sur les trente-quatre groupes recensés par le chercheur, treize se désignent comme mayi mayi. Ils adoptent en général le nom de leur chef militaire : Fujo Zabuloni dirige les Mayi Mayi Fujo, Kapopo Alunda dirige les Mayi Mayi Kapopo, Amuri Yakutumba dirige les Mayi Mayi Yakutumba. Ils n'ont pas de commandement central. Mayi Mayi est devenu un label, une étiquette davantage que le nom d'un mouvement unifié.

Leur puissance de feu est variable. Ils conservent l'aura des grandes batailles menées dans les années 1990 mais à l'exception des Mayi Mayi d'Amuri Yakutumba, l'absence d'adversaire direct n'en fait plus des combattants de premier plan. Car il en va ainsi, à l'Est : les groupes d'« autodéfense » (ainsi que se définissent les Mayi Mayi) gagnent en moyens et en capacité de recrutement à mesure que la « menace » s'approche. Les Mayi Mayi du Sud-Kivu n'ont pas eu de mal à recruter de jeunes villageois et à obtenir des armes et munitions du gouvernement congolais du temps de Zabuloni, lorsque le RCD – ce mouvement financé par le Rwanda, actif de 1998 à 2003 – lorgnait sur la province. Mais, depuis le milieu des années 2000, la « menace étrangère » s'est surtout concentrée au Nord-Kivu, où d'autres mouvements armés soutenus par Kigali ont vu le jour.

*

À côté des cartes concoctées par Christoph, une série de fichiers, enfin, portent des noms propres. Ce sont des entretiens. Des pages et des pages de retranscriptions mot à mot de discussions enregistrées avec l'autorisation de mes interlocuteurs. Pour m'y retrouver, j'ai fait de longs tableaux récapitulatifs. Il y a, en tout, deux cent quatre-vingts entretiens. Pas tous avec des combattants : à la rubrique « profession », les premières lignes mentionnent souvent « cultivateur » ou « éleveur ». La première fois que j'ai mis les pieds au Congo, en janvier 2012, j'avais pour mission de produire, pour le compte d'une ONG, une recherche sur les conflits autour de la transhumance bovine. Le sujet paraît anecdotique, il est pourtant essentiel. La descente chaque année de milliers de vaches en quête de pâturages depuis les Hauts Plateaux jusqu'aux bords du lac Tanganyika est l'occasion de sérieux accrochages entre agriculteurs et éleveurs. Les groupes armés des environs et l'armée congolaise viennent s'y mêler, monnayant leur protection aux uns, spoliant les autres, ajoutant aux déjà nombreuses strates de conflits entremêlées qui caractérisent les guerres du Congo.

C'est à l'occasion de ces recherches sur la transhumance que j'ai rencontré pour la première fois des membres de groupes armés. Cela fut simple, presque plus simple d'ailleurs que de courir après des bergers courant après leurs vaches, sur les Hauts Plateaux. J'ai demandé à un collègue congolais de l'ONG pour laquelle je travaillais s'il connaissait des gens qui pourraient m'aider à rencontrer des membres de groupes armés réputés pour mener des attaques régulières sur les troupeaux en transhumance. Il m'a donné le numéro de quelqu'un qui connaissait quelqu'un. Je me suis retrouvée le lendemain face à trois gaillards qui me racontèrent sans rechigner leurs activités militaires, mais aussi leurs autres occupations : étudiant pour l'un, enseignant pour l'autre, coordonnateur d'une petite ONG de développement pour le troisième. Je les ai revus très régulièrement. Ils se prénomment Amise, Mahuno et Mutambala. Je les surnomme la « bande du MDLC », du nom de leur groupe, le Mouvement de défense pour la liberté du Congo.

Mais la rencontre la plus décisive, celle qui m'a sans doute permis de commencer à comprendre qui étaient les combattants des Kivus, fut sans doute cet après-midi orageux de janvier passé chez les Zabuloni. Cet après-midi où Mzee m'a lancée, aux côtés de son fils Kasenga, sur les traces des « résistants » mayi mayi. Par où commencer ? Avec le fils du chef de guerre, nous sommes partis vers le sud, vers la plaine. Un berger devenu colonel nous attendait là-bas et, avec lui, des souvenirs de génocide.

II

Entrer en guerre

Le génocide

Route Cyangugu – Kamanyola, Rwanda

La radio passe des chants religieux. Derrière les vitres du minibus couvertes de buée défilent les plantations de thé et les collines. Au détour d'un lacet, un grand rectangle violet attire mon attention – un improbable violet dans ce paysage vert et gris. C'est une affiche, accrochée à la grille d'enceinte d'une école. Elle est rédigée en kinyarwanda. Je n'ai que le temps de déchiffrer un mot : *jenoside*. Dans un autre village, des fanions de la même couleur sont accrochés autour de l'église. Dans un troisième, une autre affiche, violette également, avec dans un coin un dessin de flamme. Le violet est la couleur des cérémonies de commémoration du génocide de 1994, organisées chaque année au Rwanda durant le mois d'avril.

Nous sommes partis de Bukavu quelques heures plus tôt, en direction de la plaine de la Ruzizi. Nous partons du Congo pour aller au Congo mais, pour éviter une portion de route particulièrement mauvaise et lieu de fréquentes embuscades, nous faisons un détour par le Rwanda voisin. Le pays est en plein mois de commémoration nationale.

*

– C'est ici. Arrête-toi, on descend, indique Kasenga au chauffeur.

Le bus nous dépose à l'entrée de Luvungi, au milieu de la plaine de la Ruzizi. Le hameau vit au rythme de la grande route qui le traverse, la RN5, une bande de bitume cahoteuse. À dire vrai, le village n'est pas traversé par la route, c'est plutôt lui qui s'est concentré le long de cette dernière. Bidons d'essence posés bien en vue signalant un point de vente au litre ou au demi-litre, enseignes aguicheuses, flopée de kiosques en bois vendant cartes d'appel téléphonique, sucre et savon : tout est fait pour retenir quelques minutes l'attention et la bourse des voyageurs qui passent en trombe.

Nous descendons du minibus, qui reprend aussitôt sa route, et observons les environs. Pourquoi être venus dans ce coin perdu ? Des connaissances à Bukavu m'ont indiqué que c'est ici que se cacherait le numéro 4 de la liste concoctée par Kasenga. Le colonel Abdurahmane, dit « Abdou », l'une des figures de la lutte armée dans cette partie du Sud-Kivu. À quoi ressemble un homme qui a traversé les guerres de l'Est, fusil à la main, à la tête d'un petit groupe de combattants mayi mayi ?

Des constructions en brique rouge bordent la route. Peu élevées, elles laissent porter le regard au loin. À l'ouest, les reliefs vert-bleu de la chaîne des Mitumba. Les montagnes sont un refuge idéal pour les groupes irréguliers souhaitant échapper à la traque de l'armée congolaise – plus solidement équipée mais impuissante à les suivre dans ce dédale de sentiers escarpés. À l'est, une vaste étendue de savane herbeuse où paissent quelques vaches, traversée d'une rivière, la Ruzizi, qui marque la frontière avec le Burundi. La plaine s'étale au nord de la cité d'Uvira, sur six cent cinquante kilomètres carrés. Il y fait plus chaud que dans la chaîne de montagnes des Mitumba, qui la borde, mais plus frais que dans les forêts tropicales du centre du Congo. D'aussi loin qu'ont pu l'établir les sommaires statistiques d'État, elle compterait environ 35 000 habitants, et le même nombre de vaches.

Nous ne tardons pas à trouver la maison où vit Kirugira, un homme affable, le bras droit d'Abdurahmane. Il nous dit de le suivre. Nous longeons la route nationale. L'odeur du macadam chaud se mêle à celle, sucrée et entêtante, des mangues disposées par tas de trois ou quatre sur des nattes en feuilles de rônier, attendant leur acheteur. Après quelques centaines de mètres, nous piquons à travers une petite route en terre perpendiculaire, vers un quartier périphérique du village. Les toits de tôle laissent progressivement la place aux couvertures de chaume et de branchages. Nous stoppons devant l'une des habitations. Kirugira nous invite à nous asseoir sur un petit banc en bois et s'éclipse. Quelques minutes plus tard, il revient en compagnie d'un homme pas très grand, vêtu d'un boubou crème et de sandales en cuir, au visage rond barré d'une fine moustache. Ce dernier me salue d'une poignée de main et se présente, dans un français appliqué : « Enchanté. Colonel

Abdurahmane Matata Panda. Ici, les gens me connaissent sous le nom d'Abdou, tout simplement. »

*

J'imagine les mêmes lieux en 1994. Abdou n'est pas encore chef de guerre : il est berger. Ses journées sont rythmées par les allées et venues de ses bêtes, de leurs *kraals* (enclos), à leurs pâturages et leurs abreuvoirs. Une tâche d'importance : dans des villages où le système bancaire n'existe pas, la vache est, avec la propriété foncière, l'une des rares formes d'épargne. Chez les familles d'éleveurs, chaque dépense importante se compte en vaches vendues. Les enfants étudient car on a vendu une vache. Le fils s'est marié car on a donné trois vaches comme dot à la famille de l'épouse.

Comme tous les bergers de la plaine, Abdou connaît alors deux grandes sources de tracas : les voleurs et les champs. Les ravisseurs de vaches du Sud-Kivu ont mis au point un stratagème efficace. Il consiste à entrer dans un enclos la nuit, à y attraper la bête avec des cordes, puis à lui mettre des bottines aux pattes afin de brouiller les pistes de qui voudra retrouver sa trace. La vache est ensuite égorgée, et sa viande vendue sur un marché.

L'autre problème qui trouble le sommeil des bergers est causé par la cohabitation avec les agriculteurs. Les pâturages jouxtent des champs de haricots, de riz ou de manioc. Sur leur passage, les vaches broutent parfois quelques plants. Qui faut-il blâmer ? La plaine est partagée entre terres réservées à la culture et terres réservées aux pâturages, selon des limites que chacun est censé connaître mais que tout le monde met plus ou moins de mauvaise foi à ne pas respecter. Les éleveurs se plaignent que les agriculteurs cultivent sur les chemins normalement réservés au passage des vaches. Les agriculteurs nient en bloc, pointent du doigt le manque de professionnalisme des bergers, et murmurent avec un air entendu que le goût de ces derniers pour les boissons alcoolisées n'est certainement pas pour rien dans les divagations de leurs troupeaux. Souvent, l'affaire est réglée à l'amiable : le propriétaire du troupeau verse à l'agriculteur un dédommagement correspondant aux plants endommagés. Mais, parfois aussi, dans l'anonymat du matin, la machette d'un cultivateur excédé de voir gâché le travail de plusieurs mois frappe la rotule d'une vache plutôt que la plante à élaguer.

Tout à ces préoccupations, Abdou ne sait pas qu'à quelques dizaines de kilomètres de là, au Rwanda voisin, un génocide est en cours. Des miliciens Interahamwe, des soldats des Forces armées rwandaises (FAR) et des jeunes des villages encouragés et encadrés par les autorités locales tuent méthodiquement les Tutsis. Début mai 1994, le Front patriotique rwandais (FPR) commandé par Paul Kagame, majoritairement tutsi, mène une offensive victorieuse depuis la frontière nord du Rwanda jusqu'à Kigali, la capitale, qui provoque la chute du pouvoir hutu organisateur des massacres. La victoire militaire des hommes du FPR face aux Interahamwe et aux FAR met fin à trois mois de tueries. Sur leur route, Kagame et ses hommes ont pris la mesure du drame : des centaines, puis des milliers, puis des dizaines de milliers de cadavres, 800 000 morts en tout. Près de 80 % de la population tutsie du Rwanda vient d'être exterminée : un génocide.

Un autre pan d'histoire commence alors à s'écrire de l'autre côté de la frontière, dans ce qu'on appelle encore le Zaïre. Un pan moins connu, mais qui est au cœur des guerres de l'Est congolais en général, et du destin d'Abdou en particulier : la traque des réfugiés hutus rwandais sur le territoire zaïrois.

L'occupation

Le colonel Abdou a pris place sur un second banc, face à Kasenga et moi. Il est visiblement impressionné d'apprendre que mon compagnon de route est le fils de Mzee Zabuloni en personne. Autour de nous, les habitants de Luvungi vaquent à leurs occupations : des femmes vont et viennent de chez elles aux champs, des jeunes gens rentrent de l'école. Trois enfants viennent jouer avec force cris à quelques mètres de nous. Le colonel leur demande de s'éloigner, ils partent sans se hâter. Tout ce petit monde ne paraît pas surpris de voir le chef de guerre en public, devisant avec une Blanche.

*

J'ai mis longtemps à comprendre pourquoi des gens comme Abdou acceptaient de me rencontrer. Dans mon esprit, porter les armes, être un insurgé, un milicien ou un rebelle n'était pas quelque chose dont l'on se vante, *a fortiori* face à une parfaite étrangère. Comment expliquer, alors, qu'en trois ans d'allers et retours au Congo, j'aie pu rencontrer les dirigeants et les membres d'une quinzaine de groupes armés – sur la cinquantaine que compterait le pays ?

Il m'a fallu plusieurs semaines depuis la capitale provinciale, Bukavu, pour rassembler des informations fiables sur la localisation du colonel. J'ai dû convaincre de vieux chefs militaires proches de lui que je n'étais ni espionne ni enquêtrice de la Cour pénale internationale (CPI). Mon statut de jeune femme m'a aidée en cela : des amis chercheurs ont, eux, dû s'y prendre à bien plus de reprises pour convaincre les représentants de groupes armés qu'ils ne travaillaient pas pour le compte d'un gouvernement ou d'une institution judiciaire.

J'ai dû balayer quelques espoirs, aussi : non, je n'avais pas d'armes à leur vendre à prix cassé, ni d'épargne à injecter dans le petit trafic de minerais qu'ils auraient aimé monter. Je n'allais pas non plus faire venir jusqu'à leur village des cortèges d'aide humanitaire, et n'avais pas les compétences en médecine permettant de soigner telle vilaine blessure.

Bien sûr, certains me firent comprendre leur déception. Quelques rencontres programmées avec des chefs insurgés tournèrent court lorsqu'il devint clair que je ne comptais pas leur fournir d'argent ou d'entregent, mais simplement discuter de qui ils étaient, comment ils avaient pris les armes et de quoi était fait leur quotidien. La plupart acceptèrent tout de même de me recevoir, parfois de longues heures et à plusieurs reprises. Par politesse, curiosité, générosité ? Pour tromper l'ennui du maquis ou de la retraite ? Par espoir confus de tirer tout de même, à long terme, quelque chose de ma présence – contacts, réseaux ou aide financière ? Probablement pour un peu de tout cela à la fois, et aussi parce que raconter sa vie lorsqu'on la voit comme un parcours de résistance héroïque est plutôt gratifiant. Car c'est bien ainsi que se perçoivent nombre de ceux que l'on qualifie, en Europe, de miliciens sans foi ni loi.

*

Au Rwanda, en 1994, la victoire du FPR majoritairement tutsi provoque la fuite de plus d'un million de réfugiés hutus, dont les génocidaires et leurs familles, vers le Zaïre voisin. Cette fuite est facilitée par l'armée française, qui instaure une « Zone humanitaire sûre » au sud-ouest du pays, et empêche le FPR d'y accéder. Des camps de réfugiés rwandais sont aménagés à travers l'est du Zaïre. Au Sud-Kivu, ils sont installés dans la plaine, non loin de chez Abdou. De 1994 à 1996, les Interahamwe, les groupes paramilitaires qui furent l'une des chevilles ouvrières des massacres avant d'être défaits par le FPR, prennent progressivement le contrôle de ces camps.

Les Interahamwe sont soupçonnés d'y recruter massivement afin de préparer une nouvelle offensive sur le territoire rwandais. Le FPR décide de contrer cette menace : la nouvelle armée nationale qu'il vient de constituer, l'Armée patriotique rwandaise (APR), lance à partir de 1995 des attaques contre ces camps au nom d'un « droit de poursuite » des ex-génocidaires. Pour mener ses opérations, l'APR s'allie à l'AFDL de Laurent-Désiré Kabila, coalition d'opposants au président Mobutu ayant elle-même reçu l'appui de l'Ouganda. La rébellion ainsi formée progresse rapidement sur le territoire zaïrois.

– La guerre m'a trouvé là, alors que je gardais le bétail, raconte Abdou. Quand il y a eu les premières attaques de l'AFDL, nous avons fui vers les montagnes.

Lorsque le bruit court que Laurent-Désiré Kabila est à la tête de l'AFDL, la rébellion naissante, les Congolais sont en majorité rassurés. Kabila n'est-il pas un enfant du pays, lui qui est né dans la province du Katanga, voisine du Kivu ? N'est-il pas homme d'expérience, lui qui a tenu le maquis durant près de vingt ans contre le régime mobutiste, de 1967 à 1986 ? Mais la présence à ses côtés d'officiers de l'armée rwandaise cristallise rapidement les méfiances. La rumeur de leurs pillages se répand aux quatre coins de la province. Abdou se souvient de leur passage par son village.

– Les Rwandais qui étaient avec Kabila sont venus dans la plaine, et ont pris toutes nos vaches qui étaient restées là. Il y en avait au moins quarante-cinq. Dans les montagnes où nous avions fui, nous étions assis à attendre, peut-être, que la paix revienne et que nous puissions regagner notre milieu. Nous étions dans une sorte de souffrance, et bredouilles.

Pour Abdou, c'est le début de vingt années sans paix. Car les « libérateurs » venus poursuivre les ex-génocidaires – et, dans la foulée, débarrasser le Congo d'un Mobutu accusé d'avoir été trop bienveillant avec ces derniers – se muent bientôt aux yeux du berger en agresseurs, puis en occupants.

*

À quoi tient l'histoire ? Celle des Grands Lacs en 1997, probablement à l'obligeance de quelques riverains du fleuve Congo qui ont consenti à renseigner un étranger de passage.

Pendant que les jeunes hommes de la plaine se cachent dans les montagnes, les hommes de l'AFDL accompagnés de leurs parrains rwandais enchaînent les victoires face aux forces mobutistes en débandade. Le monde observe, abasourdi, cette épopée : ils traversent le pays, large de 1 500 kilomètres, d'est en ouest. Mais, au moment de donner la dernière estocade au mobutisme vacillant, le chef d'état-major des rebelles, le Rwandais James Kabarebe, est pris d'un doute. Il est là, sur son navire, au milieu du fleuve Congo, à quelques kilomètres du but. Il ne lui reste plus qu'à prendre Kinshasa. La capitale est à portée de main : Mobutu a compris qu'il avait perdu, il fuit en compagnie de ses proches, des consignes ont été données pour que les dernières forces loyalistes quittent les lieux sans coup de feu afin d'éviter le bain de sang en ville. Kabarebe regarde les côtes qui se trouvent à bâbord : une grande ville. À tribord : une grande ville. Laquelle est Kinshasa, laquelle est Brazzaville, capitale du Congo voisin, construite elle aussi sur les bords du fleuve ? « Je n'en avais aucune idée. J'ai posé la question à des civils qui étaient là sur la rive, et ils m'ont indiqué l'endroit où débarquer », racontera plus tard Kabarebe à la réalisatrice Jihan El-Tahri, dans le documentaire *L'Afrique en morceaux*. Le commandant des rebelles n'eut plus qu'à se rendre jusqu'au principal camp militaire de la ville, le camp Tshatshi, pour y constater la reddition des derniers soldats fidèles à Mobutu. Sans résistance, et sur la bonne rive du fleuve Congo : ainsi s'achève la première guerre du Congo, en mai 1997.

*

La paix qu'Abdou attendait depuis les montagnes surplombant la plaine n'est jamais venue. Certes, à Kinshasa, l'AFDL est parvenue à prendre le pouvoir des mains du maréchal Mobutu. Mais un nouveau mouvement rebelle s'est organisé à l'est : le Rassemblement congolais pour la démocratie (RCD). Le mouvement est en grande partie constitué d'anciens alliés de Laurent-Désiré Kabila, avec lesquels ce dernier a pris ses distances lorsqu'il est devenu président. Mécontents de ne pas s'être vu remettre une part du pouvoir chèrement conquis, ils veulent le renverser à son tour. Comme l'AFDL, le RCD est parrainé par le Rwanda. Les locaux le voient comme une inacceptable entreprise d'occupation de leur territoire.

– Soi-disant, ils étaient venus pour nous libérer. Mais c'était comme une colonisation ! Ils tuaient les gens. Ils violaient les femmes. Je l'ai vu, je l'ai vu avec mes yeux, se souvient Abdou. Quand vous passiez la barrière tenue par leurs militaires, il fallait ôter vos souliers. Vous traversiez, on vous jetait les souliers, et vous partiez. Si vous aviez un vélo, il fallait mettre ça sur les épaules. Et si, une fois, vous essayiez d'insister, vous trouviez les fouets. On vous laissait à demi-mort. Parfois même, ils venaient avec leur baïonnette, qu'ils vous jetaient dans le pied. Qu'est-ce que vous pouviez dire ? Rien du tout. C'était ça, surtout, qui nous a touchés.

C'est en combattant contre le RCD, qui réprime brutalement toute forme d'opposition dans les zones qu'elle occupe, que le berger devient colonel.

– Nous nous sommes demandé comment nous défendre, et comment chasser les Rwandais, puisque sinon nous allions être exterminés. J'ai réussi à acheter un fusil et quelques grenades. C'était avec ça, plus quelques armes blanches et des pierres, qu'on a commencé, tout simplement. Nous nous sommes d'abord installés dans les plantations. Dieu nous a soutenus, alors que nous avions peu d'armes, alors que les Rwandais venaient avec beaucoup d'armes, et même des tanks. Lorsqu'ils commençaient à pilonner, nous, nous étions là, tout simplement, à crier : « Mayi ! Mayi ! », et nous avancions. Jusqu'à pouvoir prendre l'ennemi avec la main, et tuer, et récupérer son arme. C'était comme ça que nous faisions la guerre avec nos agresseurs et, en même temps, que nous sécurisions la population. Nous étions les Mayi Mayi.

*

Les groupes mayi mayi : des analphabètes, des violeurs, des voleurs. Du moins, c'est ce que j'ai lu sur eux à longueur d'articles de presse lorsque j'ai commencé, depuis la France, à m'intéresser aux guerres de l'Est congolais. Me plongeant ensuite dans des travaux d'historiens, j'ai pris conscience que subsistait à leur propos une épineuse question : quand sont-ils nés ? Une vague de groupes mayi mayi est née au début des années 1990, dans les zones rurales du Nord-Kivu, mobilisée autour de litiges fonciers et de la contestation de certains pouvoirs coutumiers. Ces groupes ont pris de l'ampleur en 1996, s'étendant au Sud-Kivu pour former un vaste et hétéroclite mouvement de protestation contre la présence des « occupants » rwandais, au premier rang desquels le RCD combattu par Abdou.

Mais voilà : quelques puristes objectent qu'ils ne sont pas nés dans les années 1990, mais qu'ils n'ont fait que renaître. La pratique magique qui leur a donné leur nom – le fait de s'asperger d'une eau réputée rendre invincible aux balles, l'eau se disant *mayi* en swahili – avait en effet déjà été utilisée au Congo lors des rébellions des années 1960, auxquelles participa Mzee Zabuloni.

Deuxième question difficile à trancher : leur nombre. L'étiquette de « mayi mayi » est revendiquée par de nombreux jeunes organisés en « groupes d'autodéfense », quel que soit leur degré d'organisation ou leur importance numérique. Un début d'organisation a bien vu le jour à la fin des années 1990, lorsqu'une dizaine de brigades sont constituées, qui rassemblent ces groupes en fonction de critères géographiques. Mais, lorsqu'on les interroge aujourd'hui, les anciens chefs de ces brigades – dont Zabuloni – sont incapables de se mettre d'accord sur qui commandait qui. On sait, en revanche, que l'occupation du Nord et du Sud-Kivu par le RCD de 1998 à 2003 élargit progressivement la base sociale des groupes mayi mayi. Ils ne sont plus uniquement de petits groupes locaux villageois mais deviennent également un phénomène urbain.

Une grande partie des groupes armés présents dans les provinces orientales du Congo aujourd'hui continue de se réclamer de cette « résistance » entamée dans les années 1990. Leurs traits communs : le recours aux *dawa* (médicaments, en swahili) préparés par des féticheurs, leur recrutement local, leurs discours sur la légitimité de l'autodéfense et une crainte diffuse, celle d'être des « autochtones » menacés sur leurs terres et des « patriotes » dépossédés de leur pays. Mais la longue histoire et la ténacité de ces combattants ne sont pas ce qui semble avoir frappé les reporters étrangers qui couvrent le conflit depuis les années 1990. Les Mayi Mayi, écrivent ces derniers, sont surtout analphabètes, xénophobes, massacrent en masse, violent et enrôlent des enfants.

De retour de la plaine, je repense à ces descriptions et m'interroge : quel crédit accorder au récit d'Abdou ? Que s'est-il réellement passé lors de la présence du RCD ? Dans quelle mesure les Mayi Mayi sont-ils responsables des violences dans l'Est du Congo, et dans quelle mesure sont-ils victimes d'exactions commises par d'autres ? J'ai gardé la liste donnée par Kasenga, pliée en quatre, glissée entre la couverture et la première page de mon carnet de notes. Dans le bus cahotant, je biffe le numéro quatre : colonel Abdou, Luvungi. Restent une douzaine de noms. Je ne suis pas certaine de réussir à tous les rencontrer. Il me faudra garder un peu d'énergie pour me rendre au Nord-Kivu, qui ne figure pas dans les plans de Kasenga. Peu importe, j'ai le temps. Et mes pieds pour marcher.

Résistances

Rive nord du lac Tanganyika

La moto file sur une piste sablonneuse coincée entre lac et escarpements. Le chauffeur est concentré sur les virages. Nous mettons le cap en direction de Fizi, fief des Mayi Mayi d'Amuri Yakutumba. Le numéro 8 sur la liste. Nous sommes à l'extrémité nord du lac Tanganyika, le lac le plus long du monde. C'est sur l'une de ses rives qu'un jour d'octobre 1871, le journaliste Henri Morton Stanley a retrouvé l'explorateur David Livingstone. L'explorateur, parti à la recherche des sources du Nil, n'avait plus donné de nouvelles pendant de longs mois. Le journaliste s'était mis en tête de partir à sa recherche. Malade, Livingstone avait en fait été abandonné par ses porteurs et s'était installé sur les bords du Tanganyika. A-t-il été contrarié de voir le reporter venir le perturber dans sa retraite ? L'histoire ne le dit pas, mais on le serait à moins : le lac est azur et poissonneux, ses bordures plantées de manguiers et d'avocatiers, et l'altitude y préserve de températures trop étouffantes.

Sur le bord de la piste, un grand panneau attire mon attention. Il ne ressemble pas aux multiples pancartes fixées à l'entrée des villages, qui brandissent les logos d'ONG ayant financé la construction d'une école ou d'un poste de santé. Celui-ci est plus massif, en béton. Nous nous approchons : c'est une stèle. Un dessin coloré figure deux hommes en treillis et béret, fusil à la main, qui mettent en joue une famille sur le seuil de sa maison. Un second montre les mêmes soldats, cette fois en train de tirer sur des civils, au pied d'une colline. Quelques corps sont étendus sur le sol. La peinture est passée, mais on peut encore y lire : « Massacre de Makobola/Bangwe du 30 décembre 1998. Fosses communes à 500 m ».

*

Que s'est-il passé à Makobola, ce jour de décembre 1998 ? Cette piste, entre lac et escarpements, je l'ai déjà empruntée, un an plus tôt. J'étais accompagnée de Bertin, un ami congolais chargé de la sécurité d'une ONG internationale. Accoudé à la fenêtre ouverte de notre 4 x 4, le nez au vent, Bertin avait lâché, d'un air de connaisseur :

– C'est un coin idéal pour les embuscades.

– Des embuscades ? Pourquoi ici plus qu'ailleurs ?

– Le lac d'un côté, les montagnes en surplomb de l'autre : parfait pour guetter l'ennemi depuis les hauteurs, et lui fondre dessus. À cause du lac, il ne pourra pas s'échapper.

Les bords du lac Tanganyika sont parfaits pour les guets-apens : les Mayi Mayi qui se trouvaient là en 1998, l'année du massacre de Makobola, l'avaient bien compris eux aussi. Le RCD, le mouvement « agresseur » soutenu par le Rwanda, tente d'étendre son emprise au-delà des villes de Goma et Bukavu, empruntant la route du sud avec ses blindés ? Qu'à cela ne tienne : les guerriers à l'eau magique n'ont pas de tanks, mais ils connaissent les moindres recoins des reliefs environnants. Ils se cachent dans les montagnes et, à l'approche des colonnes ennemies, fondent sur elles. Le même agresseur pousse la provocation jusqu'à établir des postes avancés de son armée le long de ces axes ? Le même traitement lui est réservé.

Porte d'entrée du territoire de Fizi, Makobola est un point stratégique. Laisser la localité tomber sous le contrôle du RCD et de ses alliés, c'est leur ouvrir la voie vers le sud, et vers la riche province du Katanga : impensable. Par une nuit de la fin décembre 1998, les Mayi Mayi des environs décident de lancer une attaque sur la base du RCD à Makobola. Ils y tuent deux militaires, et retournent se réfugier dans les montagnes.

Le lendemain, le RCD lance une expédition punitive qui tourne au massacre. Du 30 décembre 1998 au 2 janvier 1999, les soldats du RCD, vraisemblablement épaulés par des militaires des armées rwandaise et burundaise, tuent plus de huit cents personnes, à Makobola et dans les villages voisins. « Un grand nombre de femmes et d'enfants, de volontaires de la Croix-Rouge et de responsables religieux figuraient au nombre des victimes », détaille le rapport d'enquête des Nations unies. Les flammes du dessin écaillé de la stèle : le feu mis aux maisons incendiées par les militaires.

*

À la troisième bière surgissent souvent les souvenirs de guerre : ce soir-là, dans un bar de Bukavu, la théorie se vérifie encore. Je suis avec Bertin, le chargé de sécurité avec qui j'ai emprunté plusieurs fois la route de Fizi. C'est un ami. La conversation porte sur le monde humanitaire, ses travers et ses bravoures. Bertin ponctue la discussion d'observations sur les va-et-vient de la route sur laquelle nous avons une vue imprenable.

– Où peut bien aller le ministre de l'Industrie à une heure pareille ?

Il connaît les modèles et plaques d'immatriculation des voitures de tous les notables de la ville. Avant d'être employé d'ONG, il fut professeur de mathématiques, puis policier, puis journaliste. La troisième tournée d'Amstel approche. Bertin entreprend de me raconter les jours pas si lointains où, sur cette même route, il observait avec inquiétude les allées et venues des soldats du RCD. Lors de la seconde guerre du Congo, le mouvement régnait en maître à Bukavu et à Goma.

Bertin n'a pas rejoint de groupe insurgé, mais il se souvient de la manière dont d'autres formes de protestation se sont organisées, en ville, contre la présence de ces occupants. Tandis qu'à Makobola les représailles tournaient au bain de sang, et que les jeunes des campagnes organisés en groupes mayi mayi multipliaient les sabotages et embuscades, à Bukavu, on rusait, on rasait les murs et on s'attaquait aux symboles les plus éclatants de la présence du RCD.

– On photocopiait des tracts en cachette. La nuit, on allait sur la place de l'Indépendance descendre le drapeau du RCD et y remettre le drapeau congolais. Ils étaient furieux ! Mais ils ne réussissaient pas à nous attraper. C'était la résistance.

Il n'est pas jusque dans les églises où les Kivutiens n'entendent parler d'invasion et de nécessaire résistance. En octobre 1996, le prêtre jésuite et archevêque de Bukavu Christophe Munzihirwa dénonce dans ses lettres pastorales les « attaques répétées du Rwanda contre l'est du Zaïre ». Il est assassiné quelques semaines plus tard par un commando de soldats rwandais alliés du RCD. Début 2000, son successeur Emmanuel Kataliko est arrêté par le RCD. Comme le rappelle le chercheur Emmanuel Lubala Mugisho dans un article paru la même année, Kataliko venait de dénoncer, dans ses vœux de Noël lus dans toutes les paroisses, le fait que « des pouvoirs étrangers, avec la collaboration de certains de nos frères congolais, organisent des guerres avec les ressources de notre pays ».

Ces épisodes exacerbent le ressentiment envers les occupants. Des mots d'ordre de grève et des appels au refus de payer ses impôts circulent sur des tracts distribués en ville. Sur des feuillets photocopiés à la va-vite et distribués sous le manteau, on peut lire par exemple : « Le haut commandement des forces de résistance civile salue le courage et la détermination de la population kivutienne, victime de l'occupation par les Tutsis rwandais, burundais et ougandais. » La frontière entre opposition à la présence du RCD et racisme antitutsi est souvent floue : des vendeurs de rue refusent de servir des clients « douteux » et des passagers de transports collectifs refusent de prendre place auprès de Rwandais ou de Tutsis congolais

Bertin termine son Amstel, le regard toujours plongé sur la route en contrebas. Je repense aux mots d'Abdou : « Nous faisions la guerre avec nos agresseurs et, en même temps, nous sécurisions la population. » L'autodéfense, la nécessité de se protéger et de résister à une présence jugée inacceptable : tous les groupes armés de l'Est congolais s'en réclament, ou presque. Forces pour la défense du Congo (FDC), Mouvement pour la défense du peuple (MDP), Mouvement de défense pour la liberté congolaise (MDLC), Nduma Defense of Congo (NDC), Forces d'autodéfense locales et légitimes (FALL), sans parler de la myriade de petits groupes villageois qui se dénomment génériquement « groupes d'autodéfense » : presque toutes les formations se présentent, d'une manière ou d'une autre, comme des mouvements de réaction à une attaque extérieure.

Peut-être le sentiment d'autodéfense est-il l'une des explications à la facilité apparente avec laquelle des gens ordinaires prennent part au conflit ; peut-être ces gens se sentent-ils ou se sont-ils sentis réellement menacés. La plupart du temps, ils restent d'ailleurs actifs à l'échelle d'un groupe de villages, se contentant de patrouiller, taxer et répondre à d'éventuelles attaques : les grandes guerres de conquête – comme celle menée par l'AFDL jusqu'à Kinshasa, en 1996-1997 – n'ont plus cours aujourd'hui. Mais ces groupes, créés avec des objectifs d'autodéfense, commettent leur part de violences, eux aussi. Y compris envers des civils. Dans les Kivus, les ondes des radios locales diffusent presque chaque jour des histoires de groupes d'autodéfense locaux ayant lancé des attaques sur un village voisin. Certains faits d'armes sont restés tristement célèbres : le viol de trois cents femmes, vingt-trois hommes, cinquante-cinq filles et neuf garçons, l'enlèvement de cent seize civils et le pillage de près de mille maisons, le tout en l'espace de quatre jours, par les Mayi Mayi Sheka et leurs alliés à l'été 2010, ou encore l'assassinat de trois cent quarante-trois personnes – en majorité des femmes et des enfants – par les forces d'« autodéfense » des Rayia Mutomboki (les « citoyens en colère ») et leurs alliés des Mayi Mayi Kifuafua, en mai 2012. Leur seul tort : leurs liens avec les Rwandais des FDLR.

Pas à pas

Bukavu, Sud-Kivu

Martin arrive en retard à notre rendez-vous. Il s'esclaffe : « Comme ça, vous pourrez écrire dans votre enquête : "Difficultés rencontrées dans les recherches : le problème des Africains qui ne respectent pas l'heure des rendez-vous". » Il a trente-cinq ans mais, avec son ensemble veste-pantalon en jean et ses baskets blanches, il semble en avoir dix de moins. La première fois que je l'ai rencontré, dans la cour de l'Institut supérieur pédagogique de Bukavu où il a récemment repris ses études, je me suis demandé s'il s'agissait bien du Martin dont on m'avait parlé, père de six enfants, et dix ans passés en brousse en tant que porte-parole de divers groupes armés du Sud-Kivu. C'était bien lui. Le numéro 11 sur ma liste, classé « autorité civile » par Kasenga.

Nous avons pris rendez-vous dans un bar-restaurant appelé *Chez maman Tantine*. Je ne lui tiens pas rigueur de sa demi-heure de retard : la terrasse de l'établissement offre une vue imprenable sur le lac Kivu et, au loin, sur les côtes rwandaises. Elle donne sur une anse où l'eau vire du vert émeraude au gris métallique selon l'heure de la journée. Les reliefs qui bordent la petite baie sont hérissés de villas à étages, prisées des ménages fortunés. Des poignées d'eucalyptus, avocatiers et bananiers résistent à l'avancée des constructions. Pour causer, nous nous attablons dans un coin de la terrasse abrité du vent.

– Comment j'ai commencé les Mayi Mayi ? Nous étions un groupe d'amis. Cette histoire de Mayi Mayi, ça a commencé comme un jeu. C'était en 1997, à la fin de l'AFDL. Nous étions seulement des jeunes des villages qui se sont dit : « Nous allons nous révolter contre les gens de l'AFDL » qui commençaient à s'en prendre à nos troupeaux, et qui nous considéraient comme des valets, des esclaves.

Dans le groupe, on repère rapidement que Martin a certaines capacités qui pourraient servir le mouvement. Il possède un « diplôme d'État », l'équivalent du baccalauréat. Il sait lire et écrire aisément. Il sera leur porte-parole.

– On s'est organisés vaille que vaille. L'objectif était de nuire à l'ennemi. On savait qu'on ne pourrait pas le neutraliser. Mais il fallait lui nuire, pour qu'il ne règne pas en stabilité.

Nuire à l'ennemi faute de pouvoir le défaire militairement : à travers tout l'Est, les jeunes Congolais s'organisent pour faire de même. Les chefs coutumiers tiennent des réunions où ils en appellent aux jeunes des villages, donnant ainsi leur aval moral au mouvement. La mobilisation prend : les habitants des campagnes, où ni police ni armée ne sont présentes, se sentent de plus en plus menacés par la venue d'étrangers armés.

Martin boit la dernière gorgée de son jus de pomme et, reposant son verre sur la table, conclut d'un ton définitif :

– Après tout, le mouvement mayi mayi, c'est une conséquence de la souffrance. On ne voulait que se défendre, chacun à sa manière, mais d'abord pour soi-même : je mène mon organisation, tu es dans ton coin, je suis dans mon coin, tu ne viens pas me commander. Je commande mes frères, mes cousins, et toi aussi tu fais ainsi.

*

Martin n'a pas décidé un beau matin d'entrer en guerre. Il ne s'est pas dit « à partir d'aujourd'hui, ma vie bascule ». Il a pris une série de décisions qui lui semblaient rationnelles sur le moment, et qui l'ont conduit, pas à pas, vers cet état qu'on appelle la guerre. Ne décrit-il pas ses débuts chez les Mayi Mayi comme quelque chose qui a commencé « comme un jeu » ? Abdou n'est-il pas également entré à petits pas dans la guerre, lui qui rassembla d'abord quelques armes blanches et un fusil, puis fut rejoint par des dizaines, puis des centaines d'hommes ?

Le phénomène n'est pas propre au Congo. Au Burundi, un ancien combattant du Conseil national pour la défense de la démocratie-Forces de défense de la démocratie (CNDD-FDD), rébellion armée devenue le parti politique majoritaire du pays, me raconte comment il est entré en guerre un jour de 1993, en jetant « des cailloux » contre l'armée avec ses amis du quartier. À la fin de la guerre civile, en 2000, le jeune lanceur de pierres est devenu colonel.

Je réalise que j'ai pris le problème à l'envers. En préparant mon voyage au Congo, je me demandais comment on choisit de devenir combattant. J'essayais d'imaginer ce qui peut pousser à s'engager dans une guerre dans laquelle on va tout perdre. Je me trompais. Se demander pourquoi et comment des combattants se sont engagés dans une longue et douloureuse guerre n'a pas de sens : sur le moment, ils ne savaient pas où les premiers jets de pierre les conduiraient. On sait aujourd'hui que les guerres du Congo durent depuis vingt ans, et qu'elles ont fait plusieurs millions de morts. Les gens comme Abdou et Martin qui, un matin de l'été 1996, se mirent à rassembler quelques fusils pour se défendre, l'ignoraient. En lançant des cailloux dans son quartier de Bujumbura, le jeune Burundais du CNDD-FDD ne savait pas que, quelques semaines plus tard, il affronterait des chars. Les chemins de la guerre s'empruntent à petits pas, du caillou au lance-roquettes, avec une poignée d'amis puis des centaines d'hommes des villages environnants.

Les mobilisations générales des grandes guerres qui eurent lieu en Europe, avec leurs millions d'hommes jetés au front, semblent faire exception. Et pourtant : l'affiche bleu-blanc-rouge placardée au mur, l'ordre de mobilisation dans le journal, le message radiodiffusé ne sont pas non plus toujours compris comme des points de non-retour, comme un basculement irrémédiable de la paix vers la guerre. En témoigne le récit d'André Clavel, personnage de poilu – largement autobiographique – imaginé par l'écrivain français Léon Werth. Dans les premières pages de *Clavel soldat*, le héros voyage en train avec le couple d'amis chez qui il passe ses vacances, les Sauvant. Nous sommes un sec jour de juillet 1914, la Première Guerre mondiale n'a pas encore débuté :

« Au mur d'une petite gare, une affiche leur apprit la mobilisation générale. Et Clavel pensa, aussi bien que

Sauvant, au fascicule de son livret militaire. Où rejoindre ? Comment être en règle ? Alors, ils furent troublés dans leur promenade, mais comme par une brusque convocation à une période de réserve. Tout était interrompu, voilà tout. La guerre n'était encore pour eux que l'obligation d'être au jour et à l'heure aux portes de la caserne désignée. [...] Sauvant disait :

– On ne sait rien, tout s'arrangera peut-être. La mobilisation n'est peut-être qu'une mesure préventive... »

III

Rester en guerre

L'arrestation

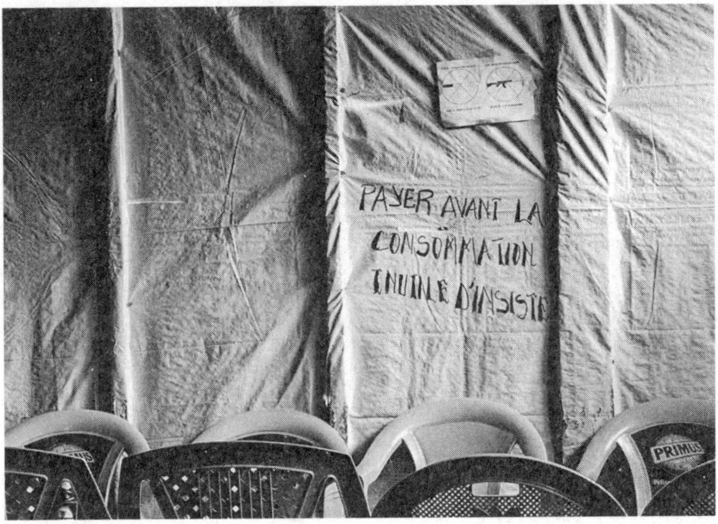

Voilà maintenant deux semaines que Martin ne répond plus au téléphone. J'appelle Kasenga : il n'a pas de nouvelles non plus. Le porte-parole mayi mayi à la veste en jean, numéro 11 sur ma liste, a disparu. Je suis étonnée, mais ne m'inquiète pas outre mesure. Il doit être occupé par ses travaux universitaires, ou parti rendre visite à sa famille à la campagne. Quant à moi, je ne manque pas de pistes pour poursuivre mon enquête : à Bukavu, le petit marché de l'entreprenariat politico-militaire se porte bien. Les amis chez qui je loge commentent avec animation une nouvelle rumeur : un ancien haut fonctionnaire originaire de la province, Gustave Bagayamukwe, aurait pris la tête d'une nouvelle coalition armée. Au dîner, autour du plat de foufou et de fretin du lac Kivu, Émerite, la mère de famille, juriste de formation, commente la nouvelle.

– Je connais bien son frère. Il était avocat ici, à Bukavu. Gustave, lui, avait une bonne place à Kinshasa. C'est un ancien directeur des services informatiques de la banque centrale du Congo. Il était revenu dans l'Est pour faire de la politique. Il avait été candidat aux élections législatives, qu'il a perdues. Et puis, dernièrement, il a disparu. Apparemment, pour former cette coalition militaire.

– Quelle idée il a eue, quand même, s'anime la grand-mère de la famille. « L'Union des forces révolutionnaires du Congo » !

Je note sur mon carnet : « Rencontrer G. Bagayamukwe ? » Sur le moment, je ne fais pas le lien avec la disparition de Martin. Jusqu'au matin où, allumant la radio locale, je tombe sur le bulletin d'information qui s'ouvre sur cette nouvelle : quarante-deux hommes, qualifiés par les autorités de « criminels antinationaux », ont été arrêtés au Nord-Kivu et au Sud-Kivu, puis transférés à Kinshasa. Martin en fait partie.

Jusque-là, j'avais l'impression que les membres de groupes armés que j'avais rencontrés ne couraient finalement pas grand risque. Certes, Abdou se disait en clandestinité, mais il pouvait venir me rencontrer en plein jour dans une petite bourgade de la plaine sans garde rapprochée. Quant à Martin, il se montrait discret sur sa vie actuelle, mais quelques sous-entendus m'avaient fait comprendre qu'il n'avait pas définitivement abandonné ses projets politico-militaires. Pourtant, il continuait de vivre sans se cacher à Bukavu, la capitale provinciale quadrillée de militaires des FARDC. Une connaissance commune m'avait même affirmé qu'il travaillait au gouvernorat, le siège du gouvernement du Sud-Kivu.

Martin est accusé d'appartenir à l'Union des forces révolutionnaires du Congo (UFRC) de Bagayamukwe. L'UFRC a appelé quelques semaines plus tôt à combattre militairement la « dictature » du président Joseph Kabila. J'en apprends un peu plus dans un article du quotidien congolais *L'Observateur*. Il y est question d'une conférence de presse tenue à l'état-major général des FARDC, à Kinshasa. Le titre proclame : « Hier à l'état-major général des FARDC : 42 membres des rébellions de l'Est du pays présentés à la presse ». Le chapeau ajoute : « Ce jeudi 23 mai 2013, les Forces de sécurité nationales ont présenté 42 criminels des mouvements insurrectionnels qui écument la partie Est de la République démocratique du Congo. »

La suite de l'article détaille le nom des « groupes de criminels transférés », parmi lesquels l'UFRC. Dans l'inventaire des membres du groupe arrêtés figure, aux côtés de quatre autres membres supposés, le nom de Martin. Le compte rendu se termine par la déclaration d'un porte-parole des FARDC appelant la population à « demeurer vigilante » et à « dénoncer toute entreprise criminelle contre la République démocratique du Congo ».

Simple « criminel », le trentenaire en baskets, partageant son temps entre famille, groupes mayi mayi, études et travail administratif au gouvernorat ? Voir le nom de Martin accolé au titre sur les « rébellions de l'Est » me paraît étrange, comme si cette étiquette n'était pas assez large pour contenir son parcours, trop univoque pour évoquer son rapport au pouvoir et aux autorités.

*

« Rebelles », « miliciens », supplétifs de l'armée congolaise : comment qualifier les milliers de combattants et représentants politiques de groupe armés de l'Est ? La question, d'ordre lexical en apparence, en cache une autre, plus fondamentale : quel type de relations entretiennent avec le gouvernement central congolais des groupes ayant souvent pris les armes, à l'origine, pour défendre leur village ?

Vu de la capitale, Kinshasa, la cause semble entendue : les groupes armés actifs dans les parties orientales du pays, quand bien même ils furent appuyés par le gouvernement à leurs débuts – trop heureux du recours inespéré qu'ils constituaient face aux velléités militaires des États voisins –, sont aujourd'hui qualifiés de « forces négatives », de rébellions constituées au mieux de criminels, au pire d'« antinationaux ».

Comme les membres de l'UFRC, l'étiquette générique de « rebelles » est souvent utilisée pour désigner les hommes en armes des Kivus. Puisqu'ils prennent les armes, et forment des groupes illégaux, c'est qu'ils contestent le pouvoir en place : le raisonnement a sa logique. Décliné de discours présidentiels en articles de presse, il conduit à voir l'est du Congo comme le repaire d'une myriade de groupes évoluant aux marges du territoire et fomentant de perpétuels projets de coup d'État.

Certains de ces groupes revendiquent, de fait, cette étiquette. Le Mouvement du 23 mars (M23), constitué en 2012, en fut, ces dernières années, l'exemple le plus connu. Mais les ranger tous sous cette bannière est aller vite en besogne et expose au risque de ne pas saisir les logiques, parfois paradoxales, des guerres du Congo. Pour aller au-delà de la communication politique de Kinshasa sur le péril venu de l'Est, il faut aller directement à la rencontre de ces hommes désignés comme rebelles, et de ceux qui sont supposés les combattre avec acharnement : les soldats des FARDC.

Le major

L'entrée principale du bâtiment qui abrite l'état-major provincial des FARDC à Bukavu est soulignée d'une volée de marches. Personne ne l'emprunte. Employés et visiteurs lui préfèrent les entrées latérales, plus discrètes, qui donnent directement sur la rangée de bureaux des officiers.

Pour qui a connu l'austérité des couloirs moquettés et des portiques de sécurité des lieux de pouvoir européens, le perpétuel va-et-vient qui agite les allées de cette bâtisse est frappant. Les soldats de tous grades et de tous âges se pressent dans les bureaux d'officiers chargés de l'administration. Ils attendent des nouvelles de leur paie, de leurs congés ou de leur procédure disciplinaire. On croise aussi des femmes. On les devine veuves ou sœurs et mères de soldats, en quête de pension ou de nouvelles. Derrière leurs tables, capitaines, majors et lieutenants-colonels trônent sur un monde de papiers jaunis, de tampons encreurs et d'armes rouillées déposées dans un coin de pièce. Çà et là, des affichettes égaient le tout : une maxime de Gandhi tracée à la main sur une feuille A4, des posters-calendriers à la gloire tantôt de Saddam Hussein ou d'Oussama Ben Laden, tantôt des « commandos de Barack Obama ».

On croit avoir quelques idées sur la chose militaire, et puis on découvre les forces armées de la République démocratique du Congo. Comment décrire cette armée ? On y entre et on en sort à peu près à sa guise. Les officiers en poste revendent les stocks de munitions sous le manteau à des groupes armés qu'ils affronteront quelques mois plus tard. Au moment de l'offensive du M23, à Goma, on croisait des soldats des FARDC se rendant au front affirmant qu'ils n'avaient pas mangé depuis trois jours, faute de rations. Un général y est payé 100 dollars par mois. Mais il peut gagner bien plus s'il est en poste au bon endroit : dans une zone riche en carrières minières, près de certains axes de circulation, près d'un poste frontière, autant d'endroits où il pourra percevoir taxes et amendes. Ses soldats sont alternativement considérés comme une fierté nationale, lorsqu'ils vainquent militairement le M23 et que des clips télévisés célèbrent leur bravoure, et comme une honte pour le pays, lorsqu'ils sont jugés par dizaines pour des massacres et des viols de civils.

Parmi les dix commandants de la liste de Kasenga, une bonne moitié travaillent théoriquement pour les FARDC. Ils ont été intégrés aux rangs de l'armée régulière, où ils se sont vu attribuer des grades conséquents. Mais ils ont ensuite choisi de regagner le maquis. Même si je sais que je ne les trouverai pas dans les bâtiments de cette armée qu'ils ont désertée, je choisis de traîner du côté des lieux de commandement des FARDC : je suis curieuse d'en saisir l'ambiance. Ce jour-là, j'y ai rendez-vous avec un jeune adjudant. Je sais par des connaissances communes qu'il est un ancien Mayi Mayi. Il me reçoit dans une grande salle sans cloisons. D'un côté, trois imposantes tables en bois, de l'autre, des bancs où des hommes et des femmes en tenue civile attendent d'être reçus. Je cherche des yeux un recoin tranquille. Je crains que, se sachant à portée d'oreille de ses collègues, l'adjudant ne rechigne à me raconter son passé de combattant illégal. Il y a, de l'autre côté de la rue, un petit magasin de reprographie où les employés de l'administration militaire viennent faire leurs photocopies. L'esprit d'entreprise avisé du gérant y a aussi disposé quelques chaises où l'on peut boire un *sucré* (soda) en attendant la fin des coupures d'électricité. Je suggère à l'adjudant d'y migrer. Il sourit, comme amusé de ma prévenance :

– Non, non, restons ici, il n'y a pas de problème.

Avec son accord, je mets mon dictaphone en route. Il commence à me raconter ses débuts dans l'« autodéfense », lorsqu'un officier bedonnant surgit, crâne soigneusement rasé et galons de major sur l'épaulette. Les deux hommes entament une conversation animée.

– Bonjour, mon major !

– Bonjour, adjudant !

– Le colonel m'a donné son accord pour que je lui parle du mouvement mayi mayi, indique l'adjudant, en swahili, avec un coup de menton dans ma direction.

– Ah ! Le mouvement mayi mayi ?

Le major se tourne vers moi, et entreprend de m'expliquer :

– En un mot : les Mayi Mayi, ce sont des patriotes. Des nationalistes. Des résistants même, des résistants volontaires ! Il ne faut pas dire que les Mayi Mayi sont des abrutis, non. Ce sont des militaires. Celui qui discute là avec vous, c'est un Mayi Mayi ! Et, moi aussi, j'en étais un ! Nous avions des idées nobles pour combattre, pour faire la résistance. Nous étions à côté du Mzee [Kabila].

Un troisième officier, qui a suivi la conversation, commente, à mon adresse :

– Je pense qu'il transmet le message. Il complète ce que le premier vous disait.

Le major reprend, avec emphase :

– Nous avons laissé les écoles et l'université pour faire le Mayi Mayi. Pour combattre l'agression qui était venue du Rwanda. Ça n'est pas seulement aujourd'hui que le Rwanda commence à nous agresser ! C'est un projet qui datait déjà d'avant 1960. Pendant l'époque belge, après le découpage du Rwanda, du Burundi, et de la RD Congo…

– Vous suivez bien ce qu'il dit ? m'interpelle le troisième.

– … après le découpage, le Rwanda n'était pas content. Ils avaient préparé ça avec les Occidentaux, notamment les Américains, les Français, les Belges, les Allemands !

Éclats de rire et applaudissements dans le bureau. Le major fait mine de quitter la pièce, puis revient.

– Vous êtes française ?

– Oui.

– J'aime m'entretenir avec les Français. Les Français nous aiment, par rapport aux autres. Et surtout la politique de François Hollande, ça nous aide. Il a déjà envoyé des soldats au Mali, bientôt il sera ici. Ici, dans l'Est, il va traquer toutes les forces négatives.

*

Le discours tenu à Kinshasa, qui fait de tous les groupes armés de l'Est des « rebelles », semble bien loin soudain. Dans les Kivus, à plus de mille kilomètres de la capitale, il ne semble pas être de mauvais ton pour un officier de l'armée régulière de louer la cause d'un mouvement qui a été combattu par ses troupes des années durant, et qualifié de « force négative » constituée d'« inciviques » par le chef de l'État et chef des armées.

Cette liberté de parole singulière vient en partie de l'histoire de l'armée congolaise elle-même. Parmi les personnes qui connaissent le mieux l'institution figure une chercheuse néerlandaise, Judith Verweijen. Judith est le genre de personne capable de disserter sur l'intégration de soldats de la 182e brigade au sein du 113e régiment avec l'aisance d'un chef d'état-major provincial. Je l'ai rencontrée pour la première fois à Bukavu en 2012, alors qu'elle s'entretenait avec des Mayi Mayi. Nous nous sommes recroisées à quelques reprises, dans des raouts d'universitaires travaillant sur des pays africains, mais aussi au détour de quelques routes perdues du Sud-Kivu, où elle a passé beaucoup de temps.

Lorsqu'elle n'est pas en train de dévaler quelques sentiers des Hauts Plateaux ou de mener des entretiens avec des officiers à Bukavu ou Goma, Judith rédige une thèse sur les relations entre civils et militaires congolais. Elle y montre que ces relations ne se limitent pas à l'image spontanée du militaire s'adonnant au racket ou à la taxation illégale : dans des régions sans présence policière, les militaires sont sollicités par les locaux aussi bien pour assurer la sécurité de matchs de football que pour régler des litiges autour de dettes ou de questions de propriété foncière. Je me plonge dans ses articles, espérant y trouver de quoi mieux comprendre l'attitude des officiers rencontrés au siège de l'état-major provincial. Leur contenu est dense, précis, mais jamais austère : pour décrire le fonctionnement de l'armée congolaise actuelle, la chercheuse compare l'institution à une « bouillabaisse mi-cuite ».

Pourquoi une bouillabaisse ? Et mi-cuite, de surcroît ? Car, pour comprendre l'armée congolaise, il faut se défaire de l'idée qu'une armée ne peut être que constituée de professionnels formés longuement, dotés de grades et fonctions proportionnels à leurs compétences. Les Congolais qui ont intégré l'armée nationale ces dernières années ont rarement été recrutés pour leurs aptitudes techniques : c'est plutôt leur potentiel de nuisance qui intéressait les autorités. Brasser tous les anciens insurgés au sein d'une même armée nationale recomposée afin d'avoir à l'œil les trouble-fête potentiels, et les contenter avec des grades et des salaires : telle est l'idée, résumée à grands traits.

Cette idée d'une armée « mélangée » date de la fin des années 1990, observe Judith Verweijen. Après la signature d'un accord de cessez-le-feu à Lusaka en 1999, le principe d'un partage des pouvoirs politique et militaire en RDC est défendu par plusieurs dirigeants africains. Ils ont en tête le succès de la formule lors de son application dans l'Afrique du Sud postapartheid, quelques années plus tôt. L'idée est reprise et soutenue à la fois par l'opposition politique congolaise, les représentants de groupes armés, l'Ouganda, ainsi que plusieurs diplomaties occidentales.

Le partage du pouvoir politique prend forme en 2003 à travers la mise en place d'un gouvernement dit « 1+4 » : un président, Joseph Kabila – qui a succédé à son père Laurent-Désiré Kabila en 2001 –, ainsi que trois vice-présidents issus respectivement du gouvernement en place, du RCD (le mouvement combattu par Abdou) et du MLC, l'autre mouvement rebelle né en 1998 et soutenu par l'Ouganda. S'agissant du versant militaire, le principe d'une nouvelle armée nationale brassant les combattants des anciens groupes armés par quota est retenu : chaque nouvelle « brigade intégrée » comprend théoriquement 35 % de soldats des Forces armées congolaises (les forces régulières d'alors), 17 % de combattants du MLC, 28 % du RCD, 8 % de Mayi Mayi et 12 % d'« autres groupes ». Cette nouvelle armée prend le nom de FARDC. La commission chargée d'attribuer les grades au sein des FARDC applique une politique généreuse : on estime aujourd'hui qu'environ 70 % des soldats congolais sont officiers ou sous-officiers, et 30 % seulement militaires du rang.

Pour la génération de combattants qui ont pris les armes contre les « invasions rwandaises » de la fin des années 1990, se joindre à la grande bouillabaisse en cours de préparation est tentant : nombre d'entre eux se voient attribuer d'importants grades – le major que j'ai rencontré au siège de l'état-major provincial, à Bukavu, en fait partie. Ce système d'intégration leur permet de convertir leur expérience au maquis, leurs années en forêt à tendre des embuscades contre le RCD, en un emploi plus stable – mais au salaire bien maigre, comme ils s'en apercevront par la suite.

*

Kinshasa, capitale de la République
démocratique du Congo

Des familles aisées garent leurs 4 x 4 sur le parking, se réfugient dans les magasins climatisés de longues heures, puis terminent la journée dans le petit espace vert qui jouxte le centre commercial. Là, elles boivent des sodas en regardant leurs enfants s'égayer sur la pelouse. Le Shoprite est une sorte de centre commercial à l'américaine au beau milieu de la capitale congolaise, avec hypermarché, fast-food et marchand de glaces. Lorsque j'appelle Yaka Swedi Kosco pour lui proposer de nous rencontrer, c'est là qu'il me donne rendez-vous. Kosco arrive, lui aussi, dans son 4 x 4. Nous nous installons à une table non loin. Après quelques échanges de banalités, il raconte spontanément son engagement chez les Mayi Mayi lors de l'occupation par le RCD, à la fin des années 1990. Il fut l'un des plus proches conseillers du numéro 2 sur ma liste, le général Dunia. C'est un habile rhéteur :

– Pour nous, les Mayi Mayi, cette période était une guerre d'agression. Selon le RCD, c'était une guerre de libération. Mais on ne commence pas une libération en brûlant vifs les gens dans les villages !

Kosco était chargé de l'administration et des finances du mouvement. Il va passer en quelques années du statut de danger pour la patrie à celui de conseiller auprès d'importants ministres. En 2001, il est arrêté et détenu dans les cachots d'un singulier service de sécurité, la Détection militaire des activités antipatrie (Demiap), qui l'accuse d'être un « rebelle dangereux pour le gouvernement ». Mais, avec la transition, le pouvoir change de ton. Kosco représente les Mayi Mayi du Sud-Kivu lors du dialogue de Sun City, en Afrique du Sud, en 2002. Après les accords de partage du pouvoir et la création des FARDC, il est nommé vice-président de la Commission vérité et réconciliation. L'institution, chargée d'enquêter sur les crimes commis de 1960 à 2003, est sujette à de vives critiques sur l'indépendance de ses membres. Elle n'exercera jamais son mandat. Il n'empêche : pour Kosco, le titre est prestigieux. Comme lui, d'autres anciens responsables politiques ou administratifs de mouvements insurgés glanent des postes dans les ministères et dans la haute fonction publique. Il reste en poste trois ans à la Commission, de 2003 à 2006, avant de devenir conseiller au ministère de l'Agriculture, puis conseiller au ministère de la Défense.

*

Une armée composée d'anciens combattants devenus officiers, des chefs politiques de mouvements armés devenus conseillers du gouvernement : je comprends mieux pourquoi le major de Bukavu peut se permettre de clamer haut et fort son respect pour les Mayi Mayi. Il a lui-même appartenu au mouvement, et est entouré d'autres anciens, comme l'adjudant. La solidarité forgée au maquis n'a pas disparu. Même les officiers qui ne sont pas d'anciens Mayi Mayi ont une forme de respect pour ces « patriotes mayi mayi », qui ont, à plusieurs moments de l'histoire du Congo, prêté main-forte à l'armée régulière en débâcle.

Je m'explique mieux également pourquoi les FARDC sont tour à tour, et avec la même énergie, admirés et haïs par les Congolais de l'Est. Les troupes congolaises ne forment pas une armée homogène. Les civils connaissent l'identité des commandants des bataillons déployés près de chez eux mieux que la composition du gouvernement congolais. Un colonel tutsi ayant appartenu au RCD aura peu de chances d'être apprécié par les populations des campagnes des alentours de Baraka, l'un des fiefs des Mayi Mayi du Sud-Kivu, tandis qu'un régiment composé majoritairement d'anciens Mayi Mayi sera probablement accusé de nombreux maux par les civils de zones peuplées par des Congolais d'origine rwandaise – Banyamulenge ou Banyarwanda. Les accusations ou les louanges adressées aux FARDC ne sont souvent que le reflet des relations particulières entretenues entre villageois et troupes déployées autour de chez eux.

Pourquoi la bouillabaisse est mi-cuite, en revanche, c'est une autre histoire, que je ne comprendrai que quelques mois plus tard, en allant voir celui qui figure en numéro 5 sur la liste de Kasenga : le colonel Fujo – le fils de Mzee Zabuloni.

Vengeances

Moyens Plateaux de Runingu, Sud-Kivu

Les consignes du numéro 5 pour venir jusqu'à lui sont succinctes : « Allez jusqu'à l'endroit dénommé Kashatu, au pied des Moyens Plateaux. Là, demandez le commandant local. C'est l'un de mes hommes. Il vous dira où me trouver. » Au moment de nous mettre en route pour aller retrouver Fujo, son frère resté au maquis, Kasenga prend un instant pour prier. Sur le seuil de chez lui, il écarte les mains et ferme les yeux. En swahili, il demande protection pour notre voyage.

Il me tarde de questionner Fujo. Son père, le vieux Zabuloni, a pris les armes au milieu des années 1990 avec le sentiment de devoir se défendre contre une invasion étrangère. Le parcours de son fils est plus compliqué : après avoir grandi au maquis avec son père, il a brièvement intégré les FARDC, avant de reprendre la tête d'un groupe d'insurgés. Pourquoi a-t-il repris le chemin des groupes irréguliers ? A-t-il, comme il y a vingt ans, le sentiment que le Congo est menacé d'invasion et que l'armée est incapable d'y faire face ? Certes, au RCD ont succédé d'autres mouvements armés composés majoritairement d'officiers tutsis, considérés par certains Congolais de l'Est comme autant de nouvelles agressions ourdies par le Rwanda voisin : le CNDP au milieu des années 2000, puis le M23 en 2012. Mais ces deux mouvements ont surtout opéré au Nord-Kivu, loin des positions du groupe de Fujo. Certains groupes mayi mayi, pour justifier leur existence, ont agité une « menace » interne : les Banyamulenge, Tutsis congolais considérés comme des alliés du régime rwandais, et leurs revendications de redécoupages administratifs et de redistribution du pouvoir coutumier. Mais les groupes armés formés par les Banyamulenge ont fait long feu. Contre quoi Fujo se bat-il, désormais ?

*

En milieu d'après-midi, nous entrons dans Kashatu, serrés à trois sur une moto : Kasenga, le conducteur de l'engin et moi. Un village logé au creux de quelques collines : ce n'est plus tout à fait la plaine, pas encore les Moyens Plateaux. Le conducteur nous dépose et repart sur la piste terreuse. L'endroit semble désert. Nous errons de longues minutes à la recherche d'un habitant des lieux. Les quelques cases sont vides, leurs occupants probablement partis aux champs. Nous finissons par dénicher un vieillard en train de s'occuper de ses vaches. Interrogé sur le commandant, il pointe d'un doigt vague les montagnes s'élevant devant nous.

Il nous faut une grosse heure de montée à pied pour retrouver le commandant en question, un monsieur de petite taille en pantalon de treillis et sandales en plastique. Quand nous l'interrogeons sur Fujo, il pointe d'un doigt vague les montagnes s'élevant encore plus haut devant nous. Le campement sent la paille et le manioc séché. Le commandant vit là avec une demi-douzaine de ses soldats. Il tient la première position du groupe de Fujo, et est à ce titre chargé de guetter la venue d'éventuels ennemis depuis la plaine ou les montagnes voisines.

Le commandant ne veut pas que nous repartions sans avoir partagé une partie de son dîner : du foufou accompagné de feuilles de manioc bouillies. La pâte crisse un peu sous la dent. Nous nous remettons en route. Un type muni d'un pistolet-mitrailleur est désigné pour nous accompagner vers la position suivante, à deux heures de marche. La nuit tombe. J'ai oublié de me munir d'une lampe torche. L'un de mes camarades de route allume la petite lampe incorporée dans son téléphone portable et éclaire l'étroit sentier. Trente minutes plus tard, sa batterie lâche. Nous continuons dans le noir. Les sentinelles entendent probablement arriver de loin notre équipée brinquebalante, trébuchant et pestant contre les ruisseaux impromptus.

À l'entrée du camp, on nous braque quelques lampes torches sur la figure pour un sommaire contrôle d'identité. Puis nous sommes introduits dans une petite case. Fujo est là, en survêtement de sport. Il a le visage carré, comme son père. Il esquisse un sourire à la vue de son frère Kasenga, et fait tuer un poulet pour saluer notre arrivée.

– Quelles sont les nouvelles d'en bas ?

– Plutôt bonnes. Tu as les salutations de la famille.

La famille : hormis ses petits-fils croisés à Bukavu, et bien sûr Kasenga, je connais deux des fils du Mzee. Il y a Safari, un quinquagénaire affable, qui vit de petit commerce, chez qui j'ai logé à Luvungi. Et Mongali, qui est major dans la police nationale, que je rencontrerai plus tard à Baraka, lors d'un périple dans le fief des Mayi Mayi Yakutumba. On dit que Mzee a de nombreuses femmes. Lorsque je l'interroge sur le sujet, Kasenga sourit, un peu gêné.

– Mzee a une grande famille, mais avec la guerre il a perdu beaucoup. Sept de ses fils sont morts au maquis. Sept de ses propres fils !

Je demande à Fujo de me raconter ses jeunes années. Il s'assoit sur un petit tabouret et débute, en swahili mâtiné de kifulero, sa langue maternelle :

– Je suis né alors que la famille habitait dans la plaine. Nous avons été introduits dans la guerre alors que j'étais en train de grandir. C'était au début des années 1960. J'avais deux ans. Je suis entré dans la brousse avec mon père. Kabila père est devenu chef de maquis. Il y avait des opérations très souvent contre la force de Mobutu. J'ai grandi, je suis devenu commandant. Quand cette guerre s'est terminée, dans les années 1980, je suis redevenu civil. Je cultivais.

Dans les années 2000, Fujo intègre brièvement les troupes gouvernementales. Au sein de l'armée nationale, il combat le RCD.

– Il fallait empêcher que le RCD ne prenne Lubumbashi. Après ça, j'ai déserté, et j'ai embrassé de nouveau la brousse.

– Combien tu avais d'hommes avec toi ?

– Je suis venu au maquis avec simplement cinq hommes. Aujourd'hui, parmi ces cinq de départ, deux sont encore là avec moi, un est en prison, et deux sont morts pendant la guerre.

*

Pour expliquer la récurrence des épisodes conflictuels, certains analystes évoquent une « culture politique violente » qui serait propre au Congo. Les conflits dans l'Est ? « C'est comme cela, par les armes, que l'on règle les problèmes là-bas », en somme. Mais l'explication paraît un peu courte : en attribuant la violence à une « culture », on renonce à en chercher les causes économiques, politiques et sociales. L'explication est tautologique. Surtout, on en fait un trait caractéristique, systématique et indépassable, de la situation dans l'Est, alors que la région n'a pas toujours été marquée par des violences.

Fujo a vu mourir sept de ses frères, puis, un à un, ses compagnons d'armes les plus fidèles. Sans avoir à recourir à une supposée « culture », voilà l'une des raisons, très concrètes, pour lesquelles des hommes comme lui continuent de se battre à la suite de leurs pères : ils se vengent. Ils le font parfois d'autant plus violemment qu'on leur en donne les moyens matériels : pour reprendre le maquis puis se lancer à l'assaut de Fizi, Fujo a pu compter sur l'aide financière d'un député du cru.

Les violences se comprennent à la lumière des longs cycles de représailles dans lesquels elles s'insèrent. Comme si la guerre était dotée d'une force d'inertie, les conflits qui se succèdent dans l'Est depuis 1996 sont en partie la conséquence des violences précédentes. À chaque épisode conflictuel, la guerre se charge de nouvelles souffrances, de nouveaux comptes à régler, de frustrations et d'aspirations renouvelées.

Il faut, si on le peut, lire une fois un récit d'attaque perpétrée par un groupe armé dans les Kivus. Il en existe des milliers, récoltés par les organisations de défense des droits humains, les cours de justice internationales ou les journalistes. Ils sont éprouvants, mais les parcourir permet de lever un coin de voile sur ce que signifie être pris dans une telle guerre, sur ce qu'un tel traitement peut engendrer d'envies de vengeance et, donc, de nouvelles violences.

En voici un. Extrait d'un rapport de l'ONG Human Rights Watch daté de 2009, il ressemble à des milliers d'autres. Une femme, habitant un village du territoire de Masisi, au Nord-Kivu, raconte : « Lorsque les soldats sont venus dans notre village, ils ont dit que la paix était arrivée. Mais, ensuite, ils ont commencé à nous tuer. Mon mari a été abattu d'une balle dans la tête alors que j'étais avec lui. Toute sa boîte crânienne a explosé en plusieurs morceaux. Mon beau-père a été abattu à côté de lui. Ils ont découpé ma belle-sœur en morceaux à l'aide d'une machette. Ils ont rassemblé les morceaux en plusieurs tas. C'est ce que j'ai découvert lorsque nous sommes partis à sa recherche. »

Plus loin, les auteurs du rapport ajoutent : « Selon des témoins, les soldats ont également tué une étudiante de 20 ans qui étudiait chez elle. Ils l'ont découpée en morceaux à coups de machette. Ils ont saisi une femme de 40 ans, lui ont attaché les mains derrière le dos, ont tiré dans sa poitrine et ont ensuite jeté son corps dans la rivière. Des soldats ont découpé en morceaux un homme de 70 ans à l'aide d'une machette et ont battu à mort un homme de 54 ans avec un gourdin. Ils ont tranché la main d'un homme de 50 ans qu'ils avaient trouvé dans sa ferme, l'ont décapité et sont ensuite partis en emportant la tête et la main. Lors de leurs attaques contre les civils, ils les ont régulièrement accusés de collaborer avec des groupes armés ennemis. »

Que peut penser un jeune homme présent dans ce village à ce moment ? Sans goût particulier pour la violence, sans envie de faire carrière dans les armes ; qui comptait, sans doute, terminer ses études tranquillement, mettre chaque matin chemise blanche et pantalon bleu marine pour se rendre à l'école de Lukweti, mais qui vient de voir son village mis à sac et ses parents tués par des inconnus. Il pense alors peut-être à cet homme, qui habite à quelques maisons, qui recrute pour le groupe armé du coin. Il était venu voir ses parents il y a quelques mois, sa mère avait dit qu'elle préférait qu'il étudie : il n'avait pas insisté. Quelques cousins éloignés combattent déjà dans ce groupe, il les voit patrouiller en ville avec leurs armes le soir, pour « protéger les populations », disent-ils. Ceux qui ont attaqué son village peuvent revenir à tout moment. Il décide peut-être de tenter de continuer à vivre comme auparavant. Ou, peut-être, de les rejoindre. Et, si tel est le cas, qui sait s'il ne retrouvera pas, au cours d'une opération, l'endroit où habitent ceux qui ont attaqué son village. Mais, cette fois, ce sera lui qui aura l'arme à la main.

*

– J'ai commencé à me battre quand mes parents ont été tués sous mes yeux, me raconte un jour un membre de groupe armé de Bunyakiri – bourgade que l'on atteint, depuis Bukavu, en traversant l'épaisse et humide forêt du parc de Kahuzi-Biega.

Orphelin, il a vu dans la voie des armes un moyen de se défendre et de se venger, mais également de subvenir à ses besoins. Officiellement « volontaire », il ne touche pas de salaire, mais partage les butins de guerre : armes prises à l'ennemi, rançons, vols de civils, taxes diverses imposées par son groupe armé. Car il y a aussi une part de nécessité économique dans le parcours des combattants qui s'engagent suite à des attaques qui ont touché durement leur entourage. Il en va de même pour Fujo, à qui le maquis offre des revenus qu'il ne trouverait pas à Bukavu, faute d'être diplômé.

Par nécessité économique, par sentiment d'être menacé, par volonté de se venger, parce que lorsqu'on a passé quinze années à vivre au maquis, on n'est tout simplement pas capable d'imaginer ce que l'on pourrait faire d'autre : les combattants de l'Est tiennent là plusieurs raisons de rester en guerre, quand bien même la situation n'est plus celle de 1996. Ce ne sont pas les seules. Dans son camp militaire, sur les Moyens Plateaux surplombant la plaine de la Ruzizi, Fujo me livre une piste d'explication supplémentaire à l'attrait persistant du maquis.

Le grade et la fonction

Les combattants qui gardent l'entrée du camp de Fujo répriment quelques bâillements. Il est déjà tard. Avant d'aller dormir, je veux m'acquitter de la mission que m'a confiée le vieux Zabuloni. Je sors mon appareil photo et montre à Fujo, sur l'écran LCD, le message vidéo de son père. La lueur bleutée du film éclaire son visage dans la nuit. Il demande à le visionner plusieurs fois. Puis, l'air songeur, il propose que tout le monde aille se reposer et que l'on discute plus avant le lendemain matin.

Au réveil, autour d'un gobelet de thé brûlant, je pose à Kasenga la question qui me démange depuis plusieurs jours :

– Que dit Mzee sur le message vidéo pour Fujo ?

– Il lui dit qu'il est malade. Qu'il ne sait pas combien de temps il lui reste à vivre. Il lui demande de quitter la brousse et de se rendre aux FARDC pour pouvoir revenir à Bukavu, auprès de la famille. Qu'on soit enfin tous réunis.

Fujo nous rejoint, un plat à la main. Le numéro 5 nous sert du foufou :

– Vous ne pouvez pas prendre la route le ventre vide.

Nous comptons repartir avant midi, pour regagner la plaine avant la tombée de la nuit. Je plonge la main dans le plat brûlant, en retire une petite quantité de pâte élastique, malaxe jusqu'à composer une boule homogène qui ne colle pas trop aux doigts, que je trempe dans la sauce – l'huile dans laquelle a mariné le poulet d'hier soir, relevée d'un peu de cube Maggi. C'est moins mauvais que ça en a l'air.

– Pourquoi es-tu retourné en brousse, alors que tu étais intégré aux FARDC ?

Fujo réfléchit un moment. Il n'a pas l'air surpris par ma question.

– Tu as vu le colonel Abdou, n'est-ce pas ? Il a intégré l'armée, mais on ne lui donne pas de fonction. Tu as vu le général Dunia ?

Je me souviens effectivement du vieil homme, un ancien chef mayi mayi comme Zabuloni, qui a fait installer dans son jardin de Bukavu les tentes de sa garde rapprochée – on ne se défait pas facilement d'une vie de maquis.

– Il n'a pas de fonction. Tu as vu Jeannot Ruhahara ? Il n'a pas de fonction. Tu as vu George Alunda ? Aucune fonction. Et Kayamba, et tout le monde : aucune fonction. Tous ceux qui venaient des Mayi Mayi, qu'est-ce qu'ils ont maintenant ? Rien. Tu as vu leur vie ? Les Mayi Mayi ont aidé le gouvernement à se battre contre le RCD et les autres agresseurs et, aujourd'hui, voilà le cadeau qu'ils nous donnent : rien.

Fujo marque une pause. Il mange quelques minutes en silence, puis se redresse.

– Est-ce qu'on ne t'a pas parlé de tous les enfants de Zabuloni morts pendant la guerre ? Où est maintenant le profit ? Quel profit on donne à Zabuloni ?

– Ton père a le grade de général, ça n'est pas rien !

– Tu sais combien gagne un général dans notre armée ? Mzee gagne 80 dollars par mois. 80 dollars, pour une vie à se battre ! Je ne veux pas être traité comme ça. Je ne sortirai pas du maquis si on ne me donne pas une bonne fonction chez les FARDC.

Il est temps pour nous de repartir. J'ai une dernière question pour le fils de Mzee.

– Fujo, il y a quelques années, ton groupe s'est emparé quelques jours d'Uvira. C'était, je crois bien, juste après que tu aies déserté les FARDC. Pourquoi cette opération ?

– Après la nuit, le coq annonce le jour. C'est ce que j'ai voulu faire. Montrer que je quittais les FARDC pour prendre le maquis. J'ai pris la ville. On a su.

*

De retour des Moyens Plateaux, je reprends la liste de Kasenga, que je garde glissée dans mon carnet de notes, et y barre le cinquième nom : « Colonel Fujo, à la montagne ». Je décide de passer quelques jours à Uvira, petite ville nichée entre montagnes et lac Tanganyika. Pour prendre la température des mouvements politico-militaires du Sud-Kivu, je vais traîner du côté du quartier Mulongwe. Sur les hauteurs de la ville, dans un dédale de ruelles escarpées, je ne manque jamais de croiser Mahuno, Amise ou Mutambala. Ce petit groupe d'amis forme le bureau politique d'une coalition de groupes armés, le Mouvement de défense pour la liberté congolaise – « MDLC en sigle », s'empressent-ils toujours de préciser.

Mahuno l'enseignant, du haut de ses trente et un ans, est l'aîné du groupe. Il aime prendre un air grave et entendu pour parler de ses « affaires » militaires – vestige, peut-être, des années qu'il a passées à travailler pour l'Agence nationale de renseignement (ANR), les services secrets congolais. Il a quitté son poste pour venir s'installer à Uvira, las de la vie austère des Hauts Plateaux, où il était en fonction. Aujourd'hui, les 37 euros par mois de son salaire d'enseignant ne lui permettent pas de mener la grande vie. Mais il sait donner le change, et excelle dans l'art de parcourir son quartier avec un air de petit notable. Le jour, il y salue les familles de ses élèves. La nuit, il coordonne les *balalarondo* : des patrouilles de jeunes volontaires qui ont décidé de prendre en main la sécurité du quartier et le sillonnent, barres de fer à la main, afin de dissuader voleurs et criminels. Il entreprend rarement quelque chose sans mettre dans le coup son voisin et ami d'enfance, Mutambala, plus jeune que lui mais déjà marié et père de famille, dont le salon sert parfois de lieu de réunion au MDLC.

Amise, le président du MDLC, est plus discret. Je soupçonne Mahuno de l'avoir fait nommer président – et de se contenter lui-même du poste de « vice » – pour ne pas trop s'exposer en cas de répression par les autorités. À vingt-cinq ans, Amise étudie le développement rural. Il a fréquenté les bancs de la faculté en pointillé, stoppant sa licence durant un an pour aller combattre au sein d'un groupe mayi mayi de Minembwe, près de son village d'origine. Je prends toujours soin de compléter les discussions avec Mahuno en allant le voir. Il est plus proche des réalités du terrain et du quotidien de ses troupes que Mahuno ; moins ambitieux et calculateur, aussi. Il livre sans filtre les difficultés et les dilemmes que lui réserve son rôle de président.

Lorsque je les croise à Mulongwe, je leur propose généralement d'aller prendre un soda au *7 sur 7*, un petit bar toujours bondé, ou au *Blue Cat*, plus chic et plus cher, mais dont la terrasse, à laquelle on accède par un long escalier métallique, offre une tranquillité bienvenue pour parler des « affaires » sans oreilles indiscrètes.

C'est là-bas que je retrouve Amise ce midi. Par chance, il n'a pas cours. Je lui raconte ma rencontre avec Fujo.

– Un grade, ça n'est pas grand-chose sans une bonne fonction, approuve le jeune homme lorsque j'évoque les conditions posées par le fils Zabuloni.

Il m'explique pourquoi les anciens insurgés sont plus soucieux d'obtenir une bonne fonction plutôt qu'un grade élevé. Certes, un grade est une reconnaissance symbolique importante : nul ne rechignerait à devenir colonel ou général. Mais les salaires associés à ces breloques sont insignifiants : 60 000 francs congolais, soit une cinquantaine d'euros mensuels. La vraie rémunération est ailleurs : elle dépend de la fonction, autrement dit, des responsabilités de commandement effectivement attribuées à ces officiers.

– Avec une bonne fonction, tu peux avoir 50 dollars [37 euros] par jour !

Une bonne fonction, aux yeux des militaires congolais, est un poste de commandement situé dans une zone stratégique : nœud commercial ou, mieux encore, carrière minière. Là, les officiers pourront taxer les commerçants ou les creuseurs, arguant qu'il s'agit du prix de la protection fournie par leur présence. Les vendeurs qui transportent leurs marchandises paient l'équivalent de 0,5 à 1 euro pour passer sur certains tronçons « sécurisés » par les FARDC. Un chef de carrière minière de taille moyenne remet environ un kilo d'or à la fin de chaque mois au commandant du régiment déployé sur place.

Ces taxes ne sont pas du simple racket pour autant. Dans ces zones où les vols et attaques à main armée sont fréquents, les militaires sont parfois sollicités par les civils eux-mêmes pour les protéger ou traquer des bandits. Il n'est pas rare dans les Kivus de devoir marcher une journée pour atteindre le premier tribunal. Au lieu de s'y rendre, les habitants des campagnes sollicitent également les FARDC pour trancher certains litiges. Leurs méthodes sont certes expéditives – amendes prohibitives, menaces et usage de la force –, mais elles évitent, aux yeux de nombre de Congolais, de longues et tout aussi coûteuses procédures judiciaires.

– Les amendes, les taxes : toujours, c'est de l'argent qui entre, reprend Amise. Et il entre grâce à la fonction que tu exerces.

Au sein de l'armée-bouillabaisse regroupant les membres d'anciens groupes insurgés, les Mayi Mayi ont été plutôt bien gradés. Mais ils se sont vite aperçus que l'on ne leur offrait pas les responsabilités qui allaient de pair avec ces belles décorations aux épaulettes. À l'image de Fujo et ses hommes, nombre de combattants restent ou retournent dans les groupes armés car ils sont insatisfaits du sort qui leur est réservé au sein des FARDC.

*

Dans le petit monde des groupes d'autodéfense du Sud-Kivu, Kapopo Alunda – commandant du groupe mayi mayi du même nom – est, comme Fujo, un « fils de ». Il m'accueille chez lui à Bukavu, au milieu d'enfants en train de se chamailler. Il me demande quelles sont les nouvelles, et me propose d'aller discuter au salon, où il était en train de regarder la télévision. Il parle swahili avec un petit cheveu sur la langue. Au fil de la discussion, détendu, il finit par troquer ses Rangers contre des tongs en plastique rouge.

Son père, Georges Alunda, aujourd'hui âgé de soixante-sept ans, est entré en brousse en 1964, lors de la rébellion Simba. C'est un ami de Mzee. Il commande l'une des brigades du numéro 2 de la liste, le général Dunia, lors des riches heures des Mayi Mayi à la fin des années 1990. Mais alors que Georges, le père, se rallie aux FARDC en 2003 à la faveur du processus d'intégration, Kapopo, le fils, qui a combattu à ses côtés, reste en brousse avec une partie des troupes. Le premier se retrouve vite à Bukavu sans fonction, notamment à cause de son âge. Le second continue, à la tête des Mayi Mayi Kapopo, à tirer des bénéfices de l'exploitation de carrés miniers dans la forêt d'Itombwe.

En 2009, ce dernier se joint à quatre autres groupes mayi mayi pour « réaffirmer [son] soutien » au président Kabila tout en lui soumettant une série de revendications. Il intègre finalement à son tour les FARDC en 2011, sur la base d'un accord avec le commandement provincial qui lui est très favorable. Il prévoit notamment qu'on lui attribue le poste de commandant de secteur opérationnel. Quinze jours après cet accord, il adresse une lettre au ministre de la Défense et au chef d'état-major des FARDC à Kinshasa. J'examine une copie du document, récupérée dans un rapport adressé au Conseil de sécurité des Nations unies. Le chef insurgé prie d'agréer l'expression de ses « sentiments civiques et patriotiques », et fait figurer son adresse de messagerie électronique – il émarge chez Yahoo. Il demande cette fois le commandement de l'état-major provincial des FARDC. Il n'obtiendra pas gain de cause, mais se voit toutefois octroyer le grade de lieutenant-colonel, ainsi qu'un poste au sein des opérations Amani Leo (menées conjointement par l'armée congolaise et les Nations unies). À Bukavu, le fait qu'une partie de son groupe soit toujours active dans la forêt d'Itombwe est un secret mal gardé.

Nouveaux horizons

Mzee Zabuloni, Fujo : un père, un fils. Deux manières d'entrer en guerre, deux générations de combattants de l'Est congolais. Pour l'un, le maquis était une urgence face à une offensive « rwandaise ». Pour l'autre, il est la poursuite d'une socialisation aux armes acquise aux côtés du père, une source de revenus faute de mieux, un investissement que l'on aimerait voir fructifier *via* un grade et une fonction, un engagement que l'on aimerait voir récompenser et, peut-être, l'une – la seule ? – des voies possibles pour « devenir quelqu'un ».

Deux générations qui ne combattent pas de la même manière, non plus. À l'époque du père, une guerre au front facilement localisable, où les Mayi Mayi mobilisaient des techniques de guérilla contre les avancées d'ennemis identifiés (AFDL, RCD), aux visées expansionnistes. À l'époque du fils, quelques grands fronts encore (ceux tenus par le CNDP puis le M23), mais trop au nord pour qu'il y soit impliqué. Alors que Fujo est posté dans les Moyens Plateaux du Sud-Kivu, le CNDP et le M23 mènent leurs batailles au Nord-Kivu, au nord de la ville de Goma. Pour l'essentiel, la guerre est en fait devenue une multitude d'accrochages en périphérie des îlots de pouvoir (ne comptant que quelques villages ou couvrant des centaines de kilomètres carrés) que quelques chefs mayi mayi, s'érigeant en protecteurs, ont su conquérir et administrer. Protecteurs ambivalents : ils assurent effectivement la sécurité dans des zones délaissées par l'armée et la police, mais sont en même temps les premiers générateurs d'insécurité pour les habitants des zones occupées.

Les « militants-combattants » pétris de marxisme auraient-ils laissé la place à une génération de combattants brutalement opportunistes et cyniques ? Non : simplement, cette génération a grandi avec en tête un horizon des possibles différent. En prenant les armes, Mzee s'est lancé dans l'inconnu, parce qu'il en ressentait la nécessité. La génération de Fujo (et celles nées après lui) a grandi en sachant qu'au bout de la lutte, il pouvait y avoir une récompense : un grade, une fonction, donc du pouvoir et de l'argent. Les accords de paix ont suscité des espoirs, des frustrations, et ont paradoxalement contribué à la prolifération de groupes armés à l'Est.

IV

Au front

Chez les « citoyens en colère »

Route Bukavu-Kigulube, Sud-Kivu

De Bukavu, la capitale du Sud-Kivu, il faut de quelques heures à quelques jours pour rallier Kigulube, le fief d'une faction des Rayia Mutomboki. Les « citoyens en colère » sont nés en 2005. Ils combattent la présence dans leurs villages de Rwandais des FDLR, des soldats des FARDC qu'ils qualifient d'« infiltrés » et, occasionnellement, se battent entre eux. La durée exacte du voyage fluctue au gré de l'habileté du chauffeur, du type de véhicule et de l'empressement des passagers à le pousser lorsqu'il est embourbé. À 8 heures du matin, à la gare routière de Bukavu, l'affaire semble bien engagée : le chauffeur d'un vieux 4 x 4 Toyota accepte de nous y mener, deux amis congolais familiers des environs et moi, à un tarif raisonnable.

Mais pas question pour le chauffeur de partir tant que son auto n'est pas remplie, et la quête de passagers tire en longueur. Qui a déjà fréquenté une gare routière africaine connaît la loi implacable du « passager disparu » : le billet pris, et sachant qu'ils ont quelques heures devant eux avant que toutes les places du minibus soient achetées, les premiers passagers s'égaient, vont boire un *sucré*, manger une brochette à la gargote du coin ou régler quelque affaire urgente, si bien que lorsque toutes les places sont effectivement vendues, il faut courir à travers tout le quartier pour rassembler les différents voyageurs. L'opération pouvant être longue, il s'en trouve toujours un ou deux pour, fort logiquement, estimer que l'attente vaut bien un nouveau *sucré*. Lorsqu'ils sont enfin retrouvés et réunis dans ledit véhicule, par un phénomène qu'à ma connaissance les sciences sociales n'ont jamais élucidé, on constate que c'est le chauffeur lui-même qui a soudain disparu. Bref, nous achetons nos billets à 8 heures et, à 13 heures, le chauffeur Samson tourne la clé de contact de sa Toyota et met le cap vers la forêt de Shabunda.

Cette fois, je n'ai pas la liste de Kasenga en poche. J'ai rencontré Zabuloni, Abdou et Fujo, qui m'ont beaucoup appris. J'en ai également rencontré quelques autres – Dunia, Jeannot, Yakutumba... –, mais ces rencontres furent trop brèves. La méfiance, peut-être. Désormais, je ne cherche plus un nom, mais un front. Un ou plusieurs, d'ailleurs : les marges des zones contrôlées par la multitude de groupes armés du Sud-Kivu sont nombreuses et fluctuantes. Les violences au Congo aujourd'hui ne se réduisent pas à deux forces ennemies et une ligne de combat entre elles :

il existe plutôt, çà et là, sur un territoire théoriquement administré par l'État congolais, des îlots qui échappent à son contrôle, où des chefs de guerre ont mobilisé suffisamment d'hommes et d'armes pour faire leur loi : « protéger », mais aussi piller et taxer. Aux marges de ces territoires, des accrochages surviennent : un groupe voisin qui tente une incursion, les forces armées congolaises qui tentent de reprendre le dessus. C'est cette frontière entre territoire théoriquement contrôlé par le gouvernement central et zone insurgée que je veux explorer, pour comprendre un peu mieux de quoi est fait le quotidien de ceux qui vivent avec la guerre.

Les passagers s'entassent dans un désordre de coudes dans les côtes et de genoux dans les sièges. Quant à la route, en cette saison des pluies, elle tient plutôt de la patinoire : la poussière de latérite produit une boue redoutablement glissante. Nous franchissons soixante-quinze kilomètres en cinq heures, pause soudure comprise – un arrêt express lors duquel le chauffeur mandate le mécano d'un village pour plonger sous le ventre de la bête et y résoudre à coups d'étincelles un problème de transmission.

Lorsque la nuit tombe, vers 18 heures, Samson coupe le moteur, nous regarde nous disperser dans la bourgade où nous avons atterri, en quête d'un matelas pour la nuit, et lance sans enthousiasme :

– Demain matin, départ à 5 heures !

À 7 heures, le matin dit, nous sommes de nouveau en route. La soudure a tenu bon, mon voisin mâchonne avec détermination un épi de maïs grillé, nous franchissons sans encombre trois périlleux ponts de rondins : je commence à croire en notre chance. La végétation se densifie et la température baisse à mesure de notre avancée. Alors que nous débouchons au sommet d'une série de raidillons, le chauffeur avertit :

– Voilà Chulwe, la dernière position des FARDC.

Au bruit du moteur, quelques hommes en treillis se plantent sur la route et nous font signe de nous arrêter. Le capitaine en poste, un trentenaire élancé, profite du contrôle de nos ordres de mission pour faire un brin de causette. Il nous avertit que nous nous apprêtons à franchir le front :

– Ici, c'est la fin du gouvernement en place. Après, c'est les Rayia Mutomboki.

Pas d'accent grave ou solennel, pas d'interrogatoire pour connaître les raisons de cette expédition, tout juste un soupçon d'étonnement quant à notre moyen de transport. Les seuls Blancs de passage dans les environs sont les expatriés employés d'ONG, qui empruntent rarement les transports en commun.

– Mais vous qui êtes blanche, vous n'avez pas votre propre 4 x 4 ?

Des affrontements violents ont eu lieu ici même entre ses hommes et les Rayia Mutomboki il y a quelques semaines. Mais, à l'évocation du mouvement armé, le capitaine préfère mentionner les discussions qu'il a « régulièrement » avec les combattants et représentants politiques des Rayia Mutomboki. Il tente de les convaincre de déposer les armes.

– Vous savez, eux et moi, on se connaît. Je suis en poste ici depuis trois ans. Alors, quand on se rencontre, on discute, et je les sensibilise.

« Sensibiliser » : tandis que nous parcourons les quelques kilomètres de *no man's land* qui séparent la position du capitaine du premier village tenu par les insurgés, je médite sur ce surprenant pays où, dans le sillage des humanitaires – venus « sensibiliser » à la lutte contre la tuberculose et à la « gouvernance démocratique » –, les officiers de l'armée « sensibilisent » leurs adversaires aux vertus de la reddition, et où les chefs des groupes armés eux-mêmes emploient ce terme pour évoquer les campagnes de recrutement qu'ils mènent parmi la jeunesse locale.

Une *barrière* marque la première position des Rayia Mutomboki. Ou, plus exactement, un bout de ficelle tendu en travers de la route par deux tiges de bambou. Peu importe : comme à toutes les barrières tenues par des hommes en armes, les chauffeurs savent qu'ils doivent s'arrêter s'ils ne veulent pas d'ennuis. Une grappe d'hommes s'approche. Ici, les uniformes sont plus dépareillés que chez les FARDC – certains portent un pantalon de treillis avec un simple t-shirt, d'autres des vêtements de sport, d'autres encore des chemises et des jeans. La plupart ont une kalachnikov au dos. Les visages sont plus jeunes qu'à Chulwe. Mais les questions sont les mêmes que dans la zone contrôlée par les forces gouvernementales :

– Où vous allez ? Pour quoi faire ?

– À Isezya, je suis commerçant, assure l'un.

– Je m'arrête un peu avant, je vais voir la famille, déclare un second.

– Et la Blanche, elle va où ? Elle vient faire du commerce d'or ?

Après avoir scruté les visages des passagers et fouillé sommairement le véhicule, les combattants, tels de consciencieux fonctionnaires, vérifient les justificatifs de ceux qui sont en mission de service. Nous voyageons ce jour-là avec trois employés d'une ONG qui gère des centres de santé dans la zone.

– L'ordre de mission indique cinq agents, vous êtes quatre. Où est le dernier ?

Au-delà des contrôles qui visent à s'assurer que le véhicule ne transporte pas d'armes ou de combattants ennemis, la barrière est l'occasion pour les membres de groupes armés de soutirer aux passagers et aux chauffeurs quelques milliers de francs congolais (de cinq à dix euros). Le fusil ou l'arme blanche à la main, ils pourraient se contenter de la menace physique pour récolter quelques billets. Ils le font d'ailleurs quelquefois. Mais, le plus souvent, ils parlementent. Longuement. Sollicitent la générosité à divers titres : la somme versée est appelée tour à tour « taxe », « effort de guerre », « motivation », mais aussi « cigarette », *« pombe »* (« bière », en swahili) et *« sabuni »* (« savon »). L'un des deux amis qui m'accompagnent me livre les rudiments du vocabulaire de la corruption ordinaire : le chauffeur est invité à « donner rapport », comme il l'est ailleurs par les policiers du *roulage* (contrôle routier) qui réclament quelques coupures pour fermer les yeux sur un délit réel ou supposé. De celui qui a glissé le billet, on dit qu'il a « massé » son interlocuteur ; et, de celui qui l'a empoché, qu'il est parvenu à « creuser » son vis-à-vis.

Notre chauffeur, Samson, est furieux : en l'espèce, on lui demande un *massage* bien trop élevé. Entre le carburant, les petites réparations et les taxes à chaque barrière, il aura passé deux jours à se casser le dos pour ne rien gagner. Il sort du véhicule, gesticule, se disperse en grandes enjambées et en sonores lamentations. Les combattants – peut-être pour ne pas se montrer violents face à une étrangère (d'ailleurs, ne serait-elle pas l'un de ces enquêteurs des organisations des droits humains ?) – décident finalement de se montrer conciliants, et revoient leurs prétentions à la baisse.

Quant à moi, je n'ai pas à bourse délier.

– Les femmes ne paient rien. C'est pour les remercier de leur rôle dans notre mouvement, explique l'un de ceux qui tiennent la barrière.

– Leur rôle ?

– Oui, ce sont elles qui nous font les *gris-gris* qui nous ont permis les victoires contre les FARDC.

Lorsqu'il m'avait raconté ses débuts comme chef de guerre, Abdou, le colonel de la plaine, avait longuement évoqué son recours à l'eau magique. Je me souviens de son emphase :

– Laissez-moi vous expliquer comment se passe la préparation du *dawa*. D'abord, le *muganga*, le guérisseur traditionnel, va chercher des feuilles d'arbre et des racines. Ensuite, il prend un peu d'herbe, il pose ça dans l'eau. Puis il jette un peu d'eau sur vous. Après, si quelqu'un possède le fusil, ou bien une arme blanche comme la machette, on essaie de voir si cette machette, là, peut couper ou pas. On la soulève, on frappe : une fois, deux fois ! très fort. Mais la machette ne tue pas, ne coupe pas. Vous voyez ? Après ça, on prend par exemple la chemise de quelqu'un. On la prend, on la met dans l'eau, on la fait quitter l'eau, on la pose quelque part, on prend quelqu'un avec une arme qui essaie de tirer sur cette chemise, là-bas, pour voir si les balles peuvent la trouer. Allez voir la chemise – une simple chemise ! : les balles ne peuvent jamais la trouer. Jamais ! Après que l'on a fait tout cela, le *muganga* nous a dit : « Vous avez vu l'expérience. Maintenant, qui est prêt pour commencer le travail ? » À partir de là, après l'expérience, nous étions contents, nous étions fiers, et nous avons commencé à combattre l'ennemi.

L'une des pistes d'explication à cette croyance dans les vertus magiques de l'eau – largement partagée à travers les groupes armés d'Afrique centrale – lie les pratiques de ces combattants au souvenir des grandes batailles qui opposèrent leurs aïeux aux négriers venus de la côte swahilie autour du XIXe siècle. Ces derniers possédaient un armement particulièrement performant. De confession musulmane, ils s'aspergeaient d'eau au moment de la prière. Les locaux auraient vu dans ces ablutions le secret de leur puissance au combat et tâché de faire de même.

Dans les Kivus comme en d'autres endroits du Congo, les femmes sont réputées avoir des compétences particulières en matière de sorcellerie. À ce titre, elles se voient confier la tâche de préparer le *dawa*, le fameux « médicament » dont les Rayia Mutomboki, à l'instar des Mayi Mayi, s'enduisent avant d'aller au combat. Face au combattant posté à la barrière, je juge bon de ne pas objecter que mes propres compétences dans ce domaine sont somme toute limitées, et nous reprenons la route.

*

Où sont les femmes dans les groupes armés de l'Est, hormis à la préparation des *dawa* ? À première vue, elles en sont absentes. Je scrute les visages des troupes postées aux barrières, de la garde rapprochée des commandants rencontrés : toujours des hommes – parfois, très clairement, des garçons mineurs. J'imagine qu'elles fournissent plutôt un appui discret aux groupes armés, chargées de porter des messages, de fournir des informations et d'une partie de la logistique des camps.

Elles ne se cantonnent pourtant pas à ces rôles : les groupes armés de l'Est compteraient dans leurs rangs quelques centaines de combattantes. Si j'en rencontre très peu, c'est que leurs groupes ne les mettent pas volontiers en avant. J'en croise une lorsque, un jour, je m'invite à l'improviste dans une réunion des Mayi Mayi Yakutumba. Elle porte un treillis et des boucles d'oreilles multicolores. J'en verrai encore quelques-unes lorsque je visiterai – là encore sans m'annoncer – à Bweremana, au Nord-Kivu, un centre de « brassage » où sont rassemblés les combattants venant de rendre les armes avant d'être intégrés à l'armée congolaise.

Une photographe italienne, Francesca Tosarelli, a enquêté spécifiquement sur ces femmes combattantes.

Dans leurs témoignages, je retrouve la même trame que chez les jeunes hommes que j'ai rencontrés : la vengeance, la volonté de se protéger, l'absence de perspective et de ressources. Marimakile Kiakimuakisubua, cheveux tressés et gants de cuir, combattante chez les Mayi Mayi Shetani, au Nord-Kivu, raconte qu'elle a pris les armes pour se battre contre un groupe ennemi qui a pillé son village, puis violé sa mère et sa sœur. Dans le même groupe, Uivin, jeune femme de seize ans, explique avoir intégré les Mayi Mayi après que son père a été tué par les FDLR et sa tante violée, et alors qu'elle se retrouvait sans ressources. Au sein de groupes plus organisés comme le M23 en revanche, les femmes rencontrées par la photographe ont un sort différent : elles occupent des fonctions plus importantes et sont volontiers mises en avant lors de conférences de presse – manière sans doute pour le groupe d'améliorer son image.

Mais, en dehors de ces cas exceptionnels, les femmes combattantes ne figurent quasiment jamais dans la hiérarchie militaire ou politique des groupes armés de l'Est. C'est également l'une des raisons pour lesquelles je croiserai, au cours de mon périple, très peu de femmes : elles sont le plus souvent sans grade. Or les sans-grade, hommes ou femmes, sont difficiles à rencontrer pour une étrangère comme moi. Si les commandants militaires se sentent confortés dans leur statut de commandant par la visite d'une étrangère – façon de montrer à leurs troupes qu'ils ont des contacts avec des gens venus de loin –, ils ne comprennent généralement pas pourquoi j'ai ensuite envie de rencontrer les « simples » combattants ou combattantes de leurs mouvements. Insinuerais-je par là que je ne suis pas satisfaite de leur accueil ? Que je n'ai pas confiance dans leurs réponses ? Pire, est-ce que je ne compte pas aller vérifier que leurs troupes ne comptent pas d'enfants-soldats, afin de les dénoncer à une quelconque organisation de défense des droits humains ?

Je l'apprends au cours de mes séjours : pour rencontrer les sans-grade, il faut savoir se créer des occasions. La marche à pied est, de ce point de vue, un prétexte parfait. À Shabunda, elle me permet de rencontrer un duo détonnant : les combattants Tupatupa et Shabade.

*

Forêt de Shabunda, Sud-Kivu

Samson, le chauffeur de notre taxi collectif, nous fait signe qu'il s'arrête là. Il faudra poursuivre à pied : même les motos ne passent plus dans l'épaisse boue du chemin. La localité s'appelle Isezya. Deux coalitions de chefs Rayia Mutomboki se disputent le contrôle des environs : l'une a son quartier général ici, à Isezya, l'autre à Kigulube, à une vingtaine de kilomètres. Avant de nous rendre dans le fief des seconds, nous allons rencontrer les premiers. Je suis toujours accompagnée de deux amis congolais qui connaissent bien la zone. Le camp des insurgés est en surplomb du village. Il y a là le général Albert Kahasha dit « Foka Mike », très populaire à Bukavu, ainsi que les représentants politiques du mouvement. Son président, un homme ventru en pantalon de jogging et sous-pull à col roulé gris, a résidé plusieurs années en Norvège comme réfugié politique. Il connaît parfaitement les rouages de l'aide internationale au Congo. Il m'entretient plusieurs heures de l'incompétence des humanitaires qui viennent mener des activités dans le secteur : béton mal dosé et bois de mauvaise qualité utilisés lors de la réfection des routes, marchés attribués selon des critères hasardeux et détournements de fonds par le personnel des ONG. Au moment où je prends congé, il tient à ce que je le prenne en photo en compagnie de son chien.

Nous quittons la bourgade vers 18 heures. Deux combattants de la coalition sont désignés pour nous accompagner – c'est plus sûr, juge le président expert en dosage de béton. Ils se prénomment Tupatupa et Shabade. L'un a une barbe fournie et une parka bordeaux, l'autre arbore une casquette siglée « All-Star » ; les deux ont la main fermement serrée sur leur kalachnikov.

À intervalles réguliers, l'un de nous échoue dans une flaque de boue jusqu'aux genoux. L'humidité est telle que nous sommes aussi trempés que si nous avions marché une heure sous la pluie. Une lueur apparaît à quelques dizaines de mètres. Tupatupa met le doigt sur la détente.

– Qui est là ?

– Je suis chauffeur ! répond la lueur.

– En panne ?

– Embourbé depuis deux jours.

Nous nous approchons. Une silhouette d'homme assis en bord de route et, à quelques mètres, une masse sombre et désespérément immobile : son camion, embourbé mais qu'il ne peut abandonner, au risque de se le faire voler pièce par pièce. Il est condamné à rester là, en attendant un hypothétique dépannage. Il partage avec nous un peu de son dîner, une boule de foufou et une sauce à base de légumes verts. Lorsqu'elles ont appris qu'il passait la nuit là, les femmes d'un village voisin sont venues le ravitailler moyennant quelques francs congolais.

L'épisode achève de mettre Tupatupa et Shabade de bonne humeur. Ils commentent avec animation les embourbements notables de ces dernières semaines : il y avait ce chauffeur qui a dû rester presque une semaine, et cet autre qui a bien cru qu'il allait devoir abandonner son véhicule.

À hauteur d'un petit village, les deux combattants s'arrêtent et pointent une clairière en contrebas :

– Ici, nous avons tué un colonel des FARDC le mois passé.

Poursuivant leur chemin, ils miment les attaques au lance-roquettes, les échanges de tirs de fusils-mitrailleurs.

– C'était une grande bataille !

Une petite vingtaine de kilomètres plus loin, voilà Lutika – ou plutôt, ce qu'on en devine. Cela fait bien longtemps que nous avons dépassé les dernières bourgades électrifiées. Tupatupa demande à une ombre qui monte la garde où trouver le chef de village :

– Où se trouve la maison du *kapita* ?

– Plus loin, sur la droite.

– Merci. Tout est calme ?

– Tout est calme.

Le *kapita*, le chef de village, ne se formalise pas de voir débarquer à 21 heures passées une Blanche et deux Bukaviens, transpirants et crottés de boue, flanqués de deux combattants. Il nous fait asseoir dans son salon, envoie un enfant acheter du riz – plus luxueux que le foufou –, et nous tend un bidon d'eau pour nous laver visage, mains et pieds. Il nous assure que nous pourrons passer la nuit chez lui. Ce n'est qu'une fois rassasiés qu'il nous questionne plus avant. Il aurait été jugé malpoli de s'enquérir du motif de notre visite avant de nous avoir permis de nous reposer quelques instants.

Nous lui parlons de notre projet d'aller jusqu'à Kigulube, à vingt kilomètres de là, au quartier général d'un chef Rayia Mutomboki dénommé Donat. Il écoute attentivement. La pièce s'est entre-temps remplie de tout ce que la localité compte de curieux et de notables, qui prennent en main la logistique :

– Voyons, il y a la petite chambre, ici, que l'on peut réserver à la jeune femme. Les enfants iront dormir chez la tante pour qu'elle puisse y être seule, réfléchit le *kapita*.

– Et moi, je peux trouver un matelas pour l'autre, propose un voisin.

Tupatupa et Shabade assurent qu'ils trouveront eux aussi où passer la nuit sans difficulté. Ils ont déjà retrouvé des connaissances parmi les jeunes Rayia Mutomboki du village. La conversation va bon train, à la lueur de la lampe à pétrole. Le chef de village nous instruit des derniers événements dans les environs, nous lui rapportons les nouvelles de Bukavu. Soudain, un claquement sec vient déchirer le ronron de nos bavardages : un coup de feu, à quelques mètres. Nous nous regardons, interrogateurs et silencieux. Quelqu'un dit à celui qui avait la parole de poursuivre. Je vois Shabade échanger quelques mots avec Tupatupa, et sortir dans la nuit, engoncé dans son grand manteau bordeaux, son arme à la main.

Il revient quelques minutes plus tard, et lance à la cantonade :

– J'ai vérifié, tout va bien.

– Qu'est-ce que c'était ?

– Juste un jeune Rayia Mutomboki ivre qui a tiré en l'air.

Nous sommes dans un village perdu dans la forêt de Shabunda. Les hommes chargés de protéger les environs d'attaques des FARDC, des FDLR et des bandits sont fin saouls, armés, et ont la gâchette facile. Ce n'est pas ce que j'aurais spontanément appelé « Tout va bien », mais Shabade a l'air sincèrement serein.

– On l'a maîtrisé. Et on l'a sévèrement chicotté !

– Chicotté ?

– Fouetté. Cinquante coups ! Il a compris qu'il avait mal agi.

*

Le lendemain matin, Tupatupa et Shabade viennent nous souhaiter bonne route. Ils ne nous accompagnent pas plus loin : nous entrons dans la zone contrôlée par Donat, auquel ils confient notre sécurité. Eux s'apprêtent à faire le trajet retour pour retrouver leur QG. Tupatupa me questionne sur la suite de mon voyage. Apprenant que je compte me rendre à Bunyakiri, son village d'origine, il me demande de le prendre en photo, et de dire à sa femme et ses enfants qu'il se porte bien.

Quelques heures de marche plus tard, Donat nous accueille dans une maison au toit en feuilles de palmier sur lequel sèchent des vêtements d'enfants. Il a l'air détendu, vêtu d'une veste de survêtement noire, d'un pantalon à poches et chaussé de tongs en plastique – qu'on appelle ici « babouches ». Deux de ses conseillers viennent l'écouter raconter son histoire et l'histoire de son mouvement. D'abord comment, en 2005, dans la chefferie de Wakabangu, plus au sud, la jeunesse locale s'est soulevée contre les combattants FDLR venus du Rwanda, avec qui elle cohabitait plus ou moins paisiblement depuis la fin des années 1990. Puis comment, chassés par ces jeunes qui se donnèrent le nom de « Rayia Mutomboki », les FDLR furent contraints de fuir plus au nord, vers le groupement d'origine de Donat. Enfin comment celui-ci, qui était alors major chez les FARDC, fut « pris de fureur » en apprenant les exactions commises par ces derniers sur les civils. C'était en 2010. Donat était alors major dans l'armée régulière depuis cinq ans. Ce diplômé en psychologie demanda un congé pour aller voir sa famille, et déserta.

– Les notables des environs se sont réunis, ont vu que nous pouvions faire quelque chose avec les *dawa*. J'ai sensibilisé la population, nous avons pris les lances et les machettes, et nous nous sommes déployés dans différents endroits.

Aujourd'hui, l'homme et ses troupes ne veulent plus être appelés « Rayia Mutomboki » mais « Rayia Mukombozi », citoyens libérateurs. N'ont-ils pas « libéré » leur territoire de la présence des FDLR, qui se montraient de plus en plus violents envers les locaux ? L'image de libérateurs ne doit cependant pas tromper. Comme chez les Mayi Mayi, la frontière entre l'autodéfense qu'ils invoquent et les combats rangés (voire les attaques de civils) est poreuse : les Rayia Mutomboki et Mukombozi de Shabunda ont certes chassé les combattants FDLR mais également leurs familles, parfois avec une très grande violence, et ont affronté durement les troupes des FARDC qu'ils jugent « infiltrées » par des Rwandais.

Tout en parlant, Donat joue avec un stylo bleu qu'il n'a pas lâché depuis le début de notre entretien. Ses conseillers l'encadrent toujours, attentifs à son récit. Je m'étonne de l'apparente absence d'inimitié constatée chez le capitaine qui commande les FARDC de l'autre côté de la zone de front.

– Nous ne sommes pas contre le gouvernement, nous ne sommes pas des rebelles. Nous sommes une révolution populaire.

– Mais alors, pourquoi les affrontements contre les forces gouvernementales depuis 2010 ?

– Nous sommes contre tous les Rwandais qui ont la mauvaise intention d'envahir, d'occuper et balkaniser le Congo. Or, aujourd'hui, les Tutsis viennent du Rwanda et sont injectés dans les FARDC.

L'argument rappelle l'hostilité affichée d'Abdou, le commandant mayi mayi de la plaine, vis-à-vis des « agresseurs tutsis ». Donat, qui fut major chez les FARDC, a vu arriver à ses côtés dans l'armée régulière ses anciens ennemis du RCD et du CNDP, en vertu du processus d'intégration.

– Nous n'avons pas le choix, conclut le commandant, stylo toujours à la main. Nous nous battons contre ces infiltrés.

*

Des soldats de l'armée régulière qui, entre les combats, discutent avec leurs adversaires pour les convaincre de rejoindre leurs rangs. Des combattants qui affrontent les troupes régulières mais assurent ne pas être des rebelles, et qui chassent les autorités locales des zones qu'ils contrôlent pour mieux reproduire les pratiques des administrations d'État, du contrôle des documents d'identité aux « taxes » diverses. Il va falloir que je m'y fasse : des groupes armés irréguliers aux rangs de l'armée nationale, il n'y a parfois qu'un pas – qui, de surcroît, se franchit dans les deux sens. Et, à l'inverse, se déclarer « citoyens » comme les Rayi Mutomboki ou « patriotes » comme les Mayi Mayi n'empêche pas, à l'occasion, de combattre l'armée de son pays.

La science de la boue

Nyabiondo, Nord-Kivu

Augustin m'avait prévenue : il me faudrait des godillots. Impossible de parcourir les vingt kilomètres de piste qui nous séparent du quartier général de son groupe armé, l'APCLS, sans se munir de bottes en caoutchouc. On les appelle ici « godillots » – étonnante seconde vie d'un terme qui désigna d'abord les chaussures militaires utilisées dans l'infanterie européenne jusqu'à la Seconde Guerre mondiale. J'en acquiers une paire dans une petite boutique de Nyabiondo, dernière étape avant de piquer au nord vers le fief de l'APCLS. Elles sont en tous points semblables aux bottes de pluie que l'on chausse dans nos contrées pour aller travailler la terre ou jardiner.

– Avec chaussettes ?

De derrière son comptoir, la vendeuse brandit une paire de méchants bas de tissu synthétique barrés de rayures blanches, vague imitation de chaussettes de football. Il en coûte 1 500 francs congolais, un peu plus d'un euro. Augustin m'assure que j'en aurai besoin. J'achète. Lui-même s'est inexplicablement équipé, pour le voyage, d'un bonnet de père Noël. Pourquoi pas, après tout.

*

Le Congo est traversé par 153 209 kilomètres de routes, dont seulement 3 000 kilomètres sont goudronnés. Pour réaliser à quel point cela est peu, il faut imaginer que le réseau routier français, lui, comprend environ 950 000 kilomètres de voies diverses, pour un pays trois fois et demie plus petit que le Congo. L'Est congolais ne fait pas exception : en dehors des grandes villes, les provinces du Nord et du Sud-Kivu ne possèdent quasiment pas de routes praticables. Les groupes armés se terrent souvent dans des zones hors d'atteinte de tout véhicule motorisé. Marcher une vingtaine de kilomètres quotidiens n'est donc pas rare. Des blessés à transporter au poste de santé le plus proche, des patrouilles, des repérages, des attaques ou des fuites, un message à porter de la part d'un officier, de l'huile, du savon ou de la farine pour alimenter le camp : la guerre se fait, d'abord, à la force des mollets.

Pour affronter la terre transformée en fange collante par les pluies qui s'abattent sur l'Est de septembre à mai, quasiment tous les membres des groupes armés portent des godillots. Tous ceux, en tout cas, qui peuvent se permettre de débourser la dizaine de dollars (environ sept euros) que coûte le modèle standard. Leur fabricant asiatique imagine-t-il qu'il détient un quasi-monopole de fait chez les insurgés congolais ? Les rangers en cuir noir, elles, sont réservées aux soldats de l'armée gouvernementale.

Pas de fioritures dans le port de godillots : les combattants les choisissent noirs, parfois bleu foncé, plus rarement, blancs. Porter le blanc est, d'une certaine manière, signe d'assurance : la vie du soldat lambda est soumise à trop d'aléas – de la mission de dernière minute à la longue journée dans un camp sans point d'eau – pour être certain de pouvoir les avoir propres en toutes circonstances. Car c'est là l'une des clés du « savoir se chausser » au maquis : nul n'ignore que les bottes se crottent, se salissent, se couvrent de fange, sont plongées dans des remugles marron ou ocre, mais, lorsqu'il s'agit de paraître en public, chacun veille à ce que les siennes soient bien propres. Sûr de son fait, le général Janvier Buingo, chef de file de l'APCLS – le patron d'Augustin, le colonel au bonnet de père Noël, qui est lui-même le porte-parole du groupe –, les porte blanches.

Le général Janvier est à la tête de l'un des plus importants groupes de l'Est en termes d'effectifs et de moyens : en 2013, on estimait que l'APCLS comptait un millier de combattants environ. Fervent chrétien, il surnomme la colline sur laquelle il a établi son quartier général le « mont Sinaï ». Avant de nous lancer sur la route qui y mène, Augustin et moi devons nous acquitter de quelques visites aux autorités locales. Le secrétaire de localité, chargé de la gestion administrative quotidienne du village, occupe un petit bureau aux murs couverts de photos de lui-même. Il nous reçoit aimablement, jette un œil distrait à une lettre expliquant l'objet de mes recherches et nous souhaite une bonne route. Nous nous rendons ensuite chez le colonel Innocent Dunga, l'homme qui contrôle la localité de

Nyabiondo pour le compte de l'APCLS. Sa position constitue la porte d'entrée du territoire administré par son groupe, et il veille, à ce titre, à contrôler scrupuleusement l'identité et les motivations des inconnus de passage.

Lorsque nous arrivons chez lui, le colonel Innocent s'adonne à ses petits rituels matinaux. D'abord, se frotter énergiquement le visage et les mains à l'eau claire, apportée dans un gobelet de plastique par un garde du corps obligeant. Puis, attendre la venue d'une tasse de thé brûlante et d'un sachet de sucre ou de lait en poudre, deviser avec les visiteurs venus dans les premières lueurs du jour porter nouvelles fraîches, requêtes pressantes ou simples salutations, et jouer distraitement avec les enfants – le colonel Innocent en a six. Durant leurs pauses, les combattants en treillis qui composent la garde rapprochée d'Innocent forment un petit cercle pour écouter un morceau de musique. Sur les téléphones qui servent de lecteurs mp3, le R'n'B chaloupé des Nigérians de P-Square et les modulations de Céline Dion le disputent à la rumba des gloires nationales, Koffi Olomide et Fally Ipupa.

Le colonel fait montre d'une méfiance toute professionnelle à l'égard de mes explications :

– Vous êtes sûre que vous ne pouvez pas avoir les informations que vous cherchez en discutant simplement avec Augustin, ici présent ? Pourquoi vouloir rencontrer notre chef ?

Nombre de groupes de l'Est craignent d'être infiltrés par des espions à la solde du Rwanda ou par des enquêteurs de la CPI. Jugeant probablement que je n'ai l'air ni de l'un ni de l'autre, il finit par nous donner son assentiment.

La boue est une science, et je tente d'en acquérir les rudiments en regardant Augustin à l'œuvre. J'ai le temps pour ça : trente kilomètres nous séparent de notre objectif, le quartier général de l'APCLS. Il s'agit d'abord de jauger la profondeur et la texture de la flaque. Ne jamais se réjouir trop tôt d'une boue d'apparence peu profonde, qui peut néanmoins être terriblement glissante. Si elle risque de monter plus haut que le genou, chercher alors un talus à escalader ou un arbre auquel s'accrocher en bord de route pour l'éviter. Sinon, la topographie environnante offre parfois des indices sur le meilleur côté pour l'aborder : ruisseau en aval ou en amont, décaissement pierreux, traces d'ornière. Une autre option est de deviner les endroits où de précédents piétons ont pu déposer quelque pierre pour ne pas s'enfoncer. Si rien de tout cela n'est rassurant, le salut peut venir du bambou qui pousse en bord de chemin : quelques coups de machette savamment administrés font tomber les longues tiges creuses en travers du bourbier, formant une sorte de radeau sur lequel il est possible de marcher précautionneusement.

Nulle coquetterie dans le déploiement de toute cette science : le combattant se préserve ainsi d'avoir à terminer les cinq ou sept heures qui le séparent de son objectif les pieds mouillés et, invariablement, en sang. Chemin faisant, Augustin me raconte quelques souvenirs datant du temps où il commandait la zone de Nyabiondo pour le compte de l'APCLS :

– Une fois, j'ai passé quatre jours de suite en opérations, avec mes hommes. On dormait deux heures par-ci, deux heures par-là, dans la forêt, sans pouvoir jamais nous changer ou nous laver. Quand nous avons finalement enlevé les godillots, la peau des pieds est partie avec les chaussettes. Tout en même temps, avec une odeur terrible. C'était épouvantable. On a dû passer des jours à se masser les pieds avec de l'huile de palme ou ce qu'on trouvait, pour pouvoir marcher de nouveau.

Camarades fidèles en brousse, les godillots sont stigmate en ville. À chaque fois qu'il retourne à Goma après une visite au maquis, Augustin demande à son taxi-moto de stopper près d'un bras de rivière. Là, il se fait laver les godillots par l'un des gosses qui accourent pour les lustrer à l'aide d'un morceau de tissu mouillé moyennant 200 francs congolais (0,15 euro). Ou, mieux : il se déchausse et remet, avant d'arriver en ville, une paire de tennis propres.

– Porter des bottes, à Goma, c'est dire qu'on vient de la brousse, de chez les rebelles, observe le porte-parole au bonnet de père Noël tandis que nous progressons dans une chaleur lourde et humide. C'est risquer des problèmes avec les FARDC.

*

Dans les villages que nous traversons, des restes de cases calcinées témoignent d'attaques récentes du NDC, le principal adversaire des APCLS. Le front que je cherchais, lassée de courir après des noms griffonnés sur une liste pliée en quatre, ressemble à ça : au détour d'un village, un carré de terre noire de bois calciné et grise de cendre. Entre les ruines, la vie continue. Des femmes vendent des galettes de banane et du *kasusu*, un alcool distillé artisanalement qui pique les yeux et la poitrine à la première gorgée. Nous croisons l'un des gardes personnels du général Janvier, pataugeant lui aussi dans la boue. Augustin, qui a fini par retirer son bonnet à cause de la chaleur, le salue d'une grande poignée de main. Des chaussettes rouge vif dépassent de ses godillots noirs et entourent le bas de son pantalon. Montre digitale au poignet et t-shirt à motifs rock'n'roll, il pourrait être un jeune étudiant venu de la ville pour rendre visite à ses parents. Seul un détail trahit son statut : le talkie-walkie qu'il porte maintenu par une ficelle autour du torse.

Le Motorola

Lukweti, Nord-Kivu

Le « mont Sinaï » est plongé sous des trombes d'eau. Sous un auvent j'aperçois la silhouette d'Innocent, le colonel qui m'a donné l'autorisation d'entrer dans la zone contrôlée par l'APCLS. Il est venu ici, lui aussi, pour assister à la réunion hebdomadaire de l'état-major de son groupe. Je m'abrite avec lui, le temps que l'orage se calme. Il entreprend de me détailler avec passion les caractéristiques de ses talkies-walkies : portée, encombrement, autonomie. Il les porte à hauteur d'épaule, accrochés sur les passants de galons de sa veste de treillis.

Tandis qu'il jongle avec les canaux en tournant la molette supérieure, une voix féminine préenregistrée égrène les fréquences. Chaque matin – et plusieurs fois dans la journée, à sa guise – il fait un *radio check* des différents porteurs de l'instrument : « Delta One, position ? » Le sous-fifre qui tarde à répondre se fait sermonner prestement.

Entre commandants et subalternes, entre dirigeants de groupes alliés, ou alliés potentiels, entre simples soldats, pour partager nouvelles du camp, du front, ou blagues potaches : communiquer est essentiel pour les membres des groupes armés de l'Est. Et souvent incroyablement compliqué, pour les mêmes raisons qui rendent les godillots si nécessaires : le mauvais état, voire l'inexistence des routes reliant les endroits souvent reculés où ils se sont établis. Passer deux jours sur des pistes mal tracées pour aller porter un message à des collègues postés à quelques dizaines de kilomètres à vol d'oiseau n'est pas rare pour les combattants des Kivus. C'est pourquoi l'une des priorités de ces groupes, avant même d'être bien dotés en armes, est de trouver des moyens de communication.

Lors des combats des groupes mayi mayi contre le RCD à la fin des années 1990, le gouvernement congolais, qui comptait sur ces alliés pour faire front à la frontière est du pays, les avait rapidement équipés de valises-satellite. Ce pesant matériel, précurseur des téléphones satellite, leur permettait de communiquer entre eux et avec Kinshasa. Aujourd'hui, tout commandant qui se respecte doit posséder, outre plusieurs téléphones, son « Motorola » (talkie-walkie) et, s'il en a les moyens, son « Thuraya » (téléphone satellite).

Plusieurs téléphones, car dans une région où le réseau est fluctuant, mieux vaut posséder des cartes SIM de trois à quatre opérateurs (dont celles de réseaux rwandais et burundais, qui couvrent certaines zones frontalières), sans parler de la nécessité de brouiller les pistes des services de renseignement en changeant régulièrement de numéro. « Chercher le réseau » est une activité à part entière, fastidieuse et chronophage pour les combattants. Des batailles se sont jouées dans l'Est pour conquérir des positions où, au milieu des montagnes, les fameuses petites barres de l'opérateur téléphonique s'affichent. Les FARDC connaissent le besoin de communiquer des groupes armés, et en tirent parfois profit pour monter des embuscades. Fin 2012, le commandant d'un groupe mayi mayi des hauteurs d'Uvira a été tué par un tir de roquette visant les hauteurs dégagées où il avait l'habitude de se rendre pour passer ses appels.

Les téléphones portables sont la base de l'armada d'outils de communication des groupes armés. Ne nécessitant pas d'abonnement mensuel mais des cartes de recharge vendues dans les épiceries ou dans la rue à partir de 50 francs congolais (0,05 euro), ils sont bien plus abordables qu'en Europe. Le Motorola est, en quelque sorte, la « deuxième classe » dans cette panoplie : pas encore le prestige du Thuraya, mais un certain standing tout de même. Avec les talkies-walkies, nul problème de réseau puisque les communications passent sous forme d'ondes radio.

Lorsque le camp n'est pas installé dans une zone couverte par le réseau, les combattants conviennent de rendez-vous réguliers avec leurs interlocuteurs, ou tiennent des sortes de permanences téléphoniques. Je me souviens qu'en marge du papier où il m'a griffonné son numéro de téléphone satellite, le général Donat, des Rayia Mutomboki, a ajouté : « 7-9 heures, 17-19 heures ».

*

On me fait visiter Lukweti, la localité qui jouxte le mont Sinaï. Je n'aurai pas besoin de monter sur ce dernier pour rencontrer le général Janvier : je pourrai le voir, en compagnie de son état-major au complet, lorsqu'il en descendra pour sa réunion hebdomadaire. En attendant, je questionne le colonel Augustin.

– Que venait faire à Nyabiondo le chargé de sécurité de Janvier, l'homme aux chaussettes rouges croisé sur la route, alors que Janvier est pourtant ici, à des dizaines de kilomètres ?

– Il a fait cette longue marche pour venir recharger une batterie du Motorola. Il y a un générateur à essence à Nyabiondo.

L'alimentation en électricité est une gageure. Les plus équipés des groupes armés ont acquis des panneaux solaires, grâce auxquels ils rechargent leur matériel. Mais les précieux capteurs photovoltaïques restent rares et, en saison des pluies ou en forêt, l'ensoleillement n'est pas toujours optimal. Des combattants – le plus souvent, les hommes de confiance des plus hauts officiers – sont chargés de se rendre dans les villes les plus proches pour se doter en précieux courant.

– Et comment financez-vous ce matériel ? J'ai entendu dire que les recharges de téléphone satellite étaient chères.

– Très chères, même ! Mais on se débrouille.

Augustin reste allusif. Tous les aspects du financement des groupes armés ne sont pas reluisants. Pour se ravitailler, certains groupes volent le manioc et les pommes de terre à même les champs, et le bétail dans les pâturages. Parfois, des mesures de farine ou des vaches sont « données » à titre de contribution plus ou moins volontaire par les habitants des environs ; plus rarement, comme dans le cas des FDLR, les combattants eux-mêmes élèvent ou cultivent sur de petites parcelles proches de leur camp.

Mais le financement des communications nécessite des rentrées d'argent liquide. Les appareils de communication

– un Motorola coûte un peu plus d'une centaine d'euros – et, plus encore, les unités de crédit téléphonique sont une denrée rare, qui ne se braque pas au détour d'un chemin de brousse. Pour trouver les devises qui serviront à leur achat et à l'acquisition d'armes et de munitions, les groupes imposent des taxes sur les activités économiques dans les zones qu'ils occupent, et revendent dans les centres urbains les ressources qu'ils peuvent exploiter : or, chanvre ou huile de palme.

*

Parfois, cependant, les groupes armés n'ont pas à déployer trop d'efforts pour se ravitailler en armes et moyens de communication. Ce fut le cas pendant la seconde guerre du Congo. Abdou, le berger devenu colonel, consentit un jour à me raconter ses souvenirs de l'époque de la lutte contre le RCD :

– Un jour, en 1997 ou 1998, on nous a informés : « À Dine, au bord du lac Tanganyika, on est en train de distribuer des armes venues de Kinshasa pour les Mayi Mayi. » Je suis parti à Dine avec trois cents éléments. Là-bas, on m'a remis des AK-47 et des boîtes de munitions.

À partir de la fin des années 1990, le gouvernement de Laurent-Désiré Kabila livre en effet armes, munitions, uniformes et moyens de communication aux groupes mayi mayi du Nord et du Sud-Kivu afin de soutenir leur lutte contre le RCD. Des avions affrétés par Kinshasa atterrissent dans les Kivus, où les plus importants chefs mayi mayi, Padiri Bulenda, Dunia Lwendama et Zabuloni Rubaruba ont pour mission de les répartir entre leurs différentes brigades. Les Mayi Mayi ont, depuis, pris leurs distances avec Kinshasa, déçus de ne pas avoir été rétribués justement de leur soutien aux forces gouvernementales durant les années 1990. Mais les « fuites » de matériel depuis l'armée régulière vers les groupes irréguliers n'ont pas cessé.

Les ordres ne viennent pas toujours d'en haut, comme à l'époque des livraisons au groupe du colonel Abdou. Les livraisons peuvent venir d'initiatives plus personnelles d'officiers mus par un mélange de sympathie pour la cause, de volonté d'entretenir des réseaux clientélistes dans leur milieu d'origine, de se faire un peu d'argent en vendant à prix cassé des marchandises volées, d'assurer leur sécurité personnelle, et d'« investir » dans des groupes susceptibles de générer des revenus à long terme – à travers la taxation et l'exploitation minière dans leur zone de contrôle, en particulier. C'est ce que m'ont expliqué de bons connaisseurs du dossier, qui travaillent dans ou avec l'armée congolaise. Mais j'imagine mal comment se passent concrètement les transactions. Est-il si simple de puiser dans le stock d'armes des troupes régulières pour en livrer aux insurgés ?

Une personne peut sans doute m'éclairer sur le sujet. À mon retour de chez les APCLS du général Janvier, j'appelle Amise, le jeune président du MDLC, la coalition de groupes armés basée à Uvira dont je connais bien les représentants. Je profite de l'un de mes passages dans la ville pour le rejoindre à la sortie de l'Institut supérieur de développement rural, où il étudie. Il a l'air préoccupé.

– C'est à propos de mon travail de fin de cycle. Mon superviseur n'arrête pas de me demander de lui payer les 50 dollars.

– Pourquoi 50 dollars ?

– C'est la somme que doivent payer les étudiants aux professeurs qui les supervisent pour ce travail. Sans ça, ils refusent de te diriger, et tu ne peux pas valider ton année.

– Mais ça n'est pas compris dans les frais de scolarité ? C'est énorme, 50 dollars, pour un étudiant congolais !

Amise sourit.

– Notre pays est compliqué. Et puis je comprends un peu ces professeurs. Ils ont des familles à nourrir, eux aussi…

Je le questionne sur les « fuites » d'armes de l'armée congolaise vers les mouvements comme le sien. Comment un soldat des FARDC peut-il donner ou revendre son matériel sans se faire repérer ?

– Oh, ça n'est pas compliqué. Les officiers qui nous livrent font de faux rapports, où ils écrivent : « À telle date, mes troupes ont été attaquées par tel groupe. Nous avons perdu tant d'armes et tant de munitions dans ces accrochages. » Qui ira vérifier ?

Il s'interrompt.

– Tu me prêterais ton téléphone ? Je dois appeler des camarades pour être sûr que je n'ai pas cours cet après-midi.

– Pas de problème. Le tien ne marche plus ?

– Si, mais je n'utilise plus mon numéro.

– Tu as perdu ta carte SIM ?

– Non. C'est que… Tu sais, avec cette arrestation, de Bagayamukwe et des autres…

L'histoire de l'ancien haut fonctionnaire à la banque centrale du Congo qui a monté sa coalition de groupes armés et qui a été arrêté en compagnie de Martin – le numéro 11 de ma liste – semble tracasser le jeune président du MDLC.

– Eh bien ?

– Eh bien… Je ne me sens plus vraiment en sécurité depuis. Tu sais, je les connaissais un peu. On avait des contacts, pour des affaires de… Comme tu peux imaginer. Du coup, j'essaie de rester discret un moment. Je me suis même débarrassé de tous les documents du MDLC que j'avais chez moi.

Même s'il est trop poli pour me le dire, je comprends que ma présence n'arrange pas Amise. Être vu avec une

Blanche, quel qu'en soit le motif, risque d'attirer sur lui une attention dont il se passerait bien. Lorsque nous prenons congé, après avoir terminé nos *sucrés*, je me promets de ne pas le solliciter durant quelque temps.

*

La plupart des détournements de matériel de l'armée congolaise passent donc sous le radar. Mais quelques exemples connus donnent une idée de l'ampleur du phénomène ou, tout au moins, du fait qu'il touche l'armée congolaise à son plus haut niveau de commandement. Dans l'un de ses rapports, le groupe d'experts des Nations unies sur la RDC, un panel de spécialistes chargés par le Conseil de sécurité de vérifier le respect de l'embargo sur les armes à destination des groupes armés opérant au Congo, épingle ainsi un général de l'armée régulière congolaise. Originaire de Walikale, Étienne Bindu fut numéro 2 des FARDC au Nord-Kivu. Il profita longtemps de sa position, écrivent les experts, pour fournir du matériel à Ntabo Ntaberi Sheka, chef du groupe dénommé Nduma Defense for Congo.

Les NDC : les hommes du général Janvier m'ont dit pis que pendre à leur propos. Ce sont leurs ennemis historiques. On dit d'eux qu'ils sont particulièrement violents. Pourtant, ils semblent bénéficier de soutiens, y compris parmi les civils des zones qu'ils occupent. Une fois de plus, je fausse compagnie à la liste de Kasenga pour aller voir de quoi il retourne.

De l'autre côté du fusil

– Il est d'accord.

Muzito a pu le joindre par téléphone satellite. Ntabo Ntaberi Sheka accepte de me recevoir dans son fief, à Pinga. Obtenir l'accord du chef du NDC n'a pas été simple : depuis qu'un mandat d'arrêt pour crimes contre l'humanité a été émis contre lui, Sheka se méfie de tous les inconnus, qui pourraient être autant d'enquêteurs ou de justiciers venus l'arrêter. Mais Muzito, un ami d'ami originaire de Pinga, a su faire preuve de diplomatie. Il connaît le chef de guerre depuis longtemps : ils ont étudié ensemble. Il l'a convaincu que je n'avais pas d'agenda caché.

Atteindre Pinga, où se trouve son quartier général, n'est pas moins compliqué.

– Le tronçon Mweso-Pinga est fermé, détaille Muzito. C'est un *no man's land,* personne ne passe à cause des affrontements entre NDC et APCLS.

Je repense à Janvier et ses bottes blanches, au colonel Augustin et son improbable bonnet. À l'heure qu'il est, ils sont peut-être en train de pilonner les positions de Sheka.

– Et donc ?

– Et donc il faut le contourner.

Sur la carte, Muzito dessine un grand arc de cercle qui part de Goma et contourne le *no man's land* par l'ouest. Le tracé suit une piste pendant quelques dizaines de kilomètres, puis semble s'enfoncer dans une épaisse forêt.

– Un jour de moto, jusque Kibua, puis trois jours de marche en forêt. C'est la seule option.

*

Kibua, Nord-Kivu

Avant de partir, nous passons par le bureau du chef de groupement. Muzito est resté à Goma. Je voyage avec un directeur d'école et une infirmière. Bayomba, le directeur, se rend là-bas pour vérifier que tout se passe bien dans l'établissement qu'il y dirige. Françoise, l'infirmière, retourne chez elle. Elle habitait Pinga jusqu'à il y a quelques mois. Un jour, les affrontements entre APCLS et NDC ont gagné le cœur de la ville, la forçant à fuir jusqu'à Goma. Maintenant que l'on dit que le calme est revenu, elle espère pouvoir se réinstaller chez elle et reprendre son travail au centre de santé.

C'est elle qui a jugé bon d'aller saluer le chef de groupement de Kibua avant de quitter sa localité pour prendre la route de Pinga. N'est-ce pas lui qui pourrait donner l'alerte, s'il apprenait par des villageois des environs qu'il nous était arrivé malheur en cours de route ? Et puis, on le dit proche de Sheka. Si ce dernier comptait mener des opérations incessamment, qui risqueraient de nous coincer entre deux feux, il pourrait nous le dire discrètement, et nous éviter ainsi d'aller au-devant de sérieux ennuis.

– Pinga ? Bien, bien…

Le chef ne semble pas avoir d'objection. Il tient tout de même à me remettre un bâton de marche qui va protéger notre excursion.

– Laissez-moi d'abord le bénir coutumièrement.

Il saisit l'objet, le porte à hauteur de visage, et lui lance un méthodique crachat. Nous pouvons nous mettre en route.

*

Les arbres se font plus nombreux, plus sombres et plus denses. Nous marchons depuis trois heures maintenant dans la forêt de Walikale. Soudain, au loin, une forte détonation. Nous stoppons net. Mes camarades de route se consultent, la mine défaite. Qui est-ce ? S'agit-il d'une sommation ? D'un tir accidentel ? Continuer, faire demi-tour ? L'explosion semblait relativement éloignée, une quinzaine de kilomètres au minimum. Mais qui sait si elle ne laisse pas présager d'autres frappes, plus proches ? Nous calculons rapidement que nous n'aurons pas le temps de revenir à Kibua avant la tombée de nuit. Notre seule option est de poursuivre jusqu'au prochain village, à une dizaine de kilomètres.

Quelques minutes plus tard, des voix s'élèvent de la forêt, de plus en plus proches. On vient devant nous. Quatre hommes, en colonne, avec des paquetages sur la tête.

– Hé ! Bonjour. Vous venez d'où ?

– De Misoke, à vingt kilomètres.

– Et où allez-vous ?

– Vers où voulez-vous que l'on fuie ? À Kibua !

– Vous fuyez ?

– Vous n'avez pas entendu le mortier ? La guerre revient. Nos villages risquent d'être attaqués. Les gens ont fui. Ils vont se cacher, à Kibua ou en forêt, en attendant que ça se calme.

Je jette un œil à Françoise. Les villages qui se sont vidés de leurs habitants sont ceux où nous avions prévu de passer la nuit. Elle ne semble pas avoir plus envie que moi d'aller séjourner dans des bourgades désertées, sous la menace de nouvelles attaques. Nous consultons Bayomba, le directeur d'école, qui connaît bien les environs.

– Allons quand même jusqu'à Kimba, le prochain village, propose-t-il. Là-bas, les gens n'ont pas fui, et je connais le commandant du NDC qui contrôle les environs. Il nous en dira plus.

*

La marche est longue. Nous ruisselons de transpiration. Les fougères laissent la place aux bambous, plantés par paquets dans les sous-bois chauds et humides. De temps en temps, une trouée dans le plafond vert-marron annonce un ruisseau ou un fleuve. Françoise a les pieds en sang dans ses baskets. Sans chaussettes, les pieds trempés dès les premières minutes de marche par les ruisseaux à franchir, elle a les chairs à vif. Nous avons faim et soif. À l'entrée d'un village, une branche de palmier plantée à la verticale signale que l'on vend du vin de palme. Mes deux camarades de voyage ne boivent pas d'alcool. Je n'ai pas ces précautions. Une quinzaine de fourmis de bonne taille surnagent dans le gobelet que l'on me tend.

– Des vitamines ! s'esclaffe le directeur.

Quelques toits de chaume au loin : le village de Kimba, enfin. Nous avons traversé vingt-cinq kilomètres de forêt depuis le matin. On nous dit de nous reposer quelques instants dans la maisonnette qui fait office de poste de santé, le temps que l'on nous trouve un endroit où passer la nuit. Françoise défait le sac qu'elle porte en baluchon. Elle aligne sur le sol en terre battue l'ensemble de ses possessions : un morceau de savon, un petit miroir, un peigne, deux pains soigneusement empaquetés, un pagne de rechange, quelques comprimés de paracétamol pour soulager les douleurs de la malaria et une paire de sandales en plastique.

Françoise a trente-deux ans, deux enfants, un mari pharmacien, mais pas d'adresse pour le moment. Elle fait partie de cette catégorie de gens que les rapports des ONG humanitaires et des agences des Nations unies appellent les « déplacés internes » : des personnes ayant fui la guerre, mais qui n'ont pas le statut de réfugiés car elles n'ont pas quitté leur pays. Elles sont un peu plus d'un million dans la seule province du Nord-Kivu. La guerre change leur vie, mais pas de la même manière que celle des combattants. Elles sont de l'autre côté du fusil. Françoise me donne à voir un peu de leur quotidien.

Elle raconte : se lever aux premières lueurs du matin, aller chercher de l'eau à la pompe ou au puits pour une toilette rapide. Prendre la route et marcher vingt, trente, quarante kilomètres lorsqu'il le faut. Garder un œil sur ce que la nature a à offrir : mangues mûres ou fruits sauvages, coin de rivière où boire et se rafraîchir. Marauder dans les champs de manioc et d'ananas lorsqu'il n'y a pas d'autre choix.

Le soir venu, dans le village où l'on passera la nuit, s'asseoir, les membres endoloris, dans un coin à l'ombre. Retirer ses chaussures, reprendre son souffle et organiser sa soirée autour de deux préoccupations essentielles : trouver un repas et un toit. L'humidité, les bêtes sauvages et le risque d'être attaqué par des criminels de passage se conjuguent pour dissuader les déplacés de dormir à la belle étoile dans les campagnes et les forêts congolaises.

S'il n'est pas possible de se prévaloir d'un lien de parenté – même éloigné – avec des habitants des environs afin d'obtenir l'hospitalité, reste le chef du village. Il a en principe pour mission l'accueil des visiteurs.

– Quand même, on trouve toujours un bout de natte, m'explique Françoise, penchée sur ses pieds douloureux.

– Voilà le S3, souffle Bayomba, de l'autre côté de la pièce.

Un jeune homme se présente. Il porte une casquette et s'appelle Champion. Il est S3, c'est-à-dire chargé des opérations au sein de la branche locale du NDC. Je ne lui donne pas plus de dix-huit ans. Nous bavardons un peu. Il me dit que, plus tard dans la soirée, passera Costa, son supérieur, colonel de son état. Il saura nous dire d'où venait le tir de ce matin et s'il lui paraît possible de poursuivre vers Pinga pour rencontrer leur dirigeant : Ntabo Ntaberi Sheka.

*

Sur le seuil de la case où nous nous sommes finalement installés, le colonel Costa s'annonce. Il a entendu dire qu'une étrangère était de passage. Le directeur lui explique le motif de ma présence. Il paraît satisfait. Je cherche à obtenir des informations sur les événements de la matinée :

– Nous avons entendu une explosion ce matin, alors que nous marchions. Puis nous avons croisé des gens fuyant leur village, expliquant que la guerre était revenue à Pinga.

– Oui, opine-t-il. C'était un tir de nos hommes contre les Tanzaniens.

Les Tanzaniens : les casques bleus de la « Brigade d'intervention » des Nations unies. Ils avaient semblé demander avec un peu trop d'insistance à Sheka de rendre les armes, explique Costa. Sheka leur a donc envoyé un mortier en forme d'avertissement et a quitté Pinga, où l'on risquait de venir l'arrêter à tout moment.

Je poursuis :

– J'allais justement là-bas pour le rencontrer. Nous en avions convenu par téléphone satellite, alors que j'étais à Goma.

Costa réfléchit.

– Si vous aviez convenu de ce rendez-vous, il faut qu'il se tienne. Faisons ceci : je vous donne trois de mes hommes, pour vous accompagner jusque-là où se cache Sheka. Ils sauront vous guider.

– C'est loin ?

– À deux jours de marche d'ici.

La proposition est tentante, mais peu raisonnable. Sheka est en fuite : le risque est grand qu'il se déplace encore et que les deux jours en deviennent dix. Sans compter que je ne tiens pas à aller me fourrer sous le déluge de feu que lui réservent peut-être ses poursuivants.

*

À l'aube, le lendemain, une demi-douzaine d'habitants des environs – simples curieux ou porteurs de pressantes requêtes – est postée devant l'entrée de l'abri où nous avons passé la nuit. Parmi le défilé des salutations : Bahati, enseignant à l'école primaire. Il fait partie de la catégorie des curieux.

– Chez vous là-bas en Europe, il y a la guerre ? Ici, il ne passe pas trois mois sans que l'on n'entende les coups de balle. Et, à Pinga, c'est pire encore : pas un mois.

Il désigne la modeste maison où nous avons passé la nuit :

– Est-ce que l'on peut vivre dans de pareils endroits s'il y a la paix ? Je ne pense pas. Mais les gens viennent et incendient, alors il faut à chaque fois reconstruire, et cela fait reculer le pays.

Nous attendons en vain le colonel Costa. On nous informe qu'il est parti voir sa mère ensorcelée et soignée quelque part dans la forêt, et qu'il a pour habitude de s'arrêter boire quelques godets de vin de palme en route. Qu'à cela ne tienne : nous décidons de regagner Kibua.

– C'est plus sage, répète Françoise. On a eu assez de guerre comme ça.

*

Quelques beignets de farine de blé viennent égayer une de nos pauses. Françoise nous explique qu'elle a de la famille à Kibua, qu'elle pourrait y rester en attendant que la situation se calme de nouveau, mais qu'elle préfère regagner Goma. Le directeur, lui, n'a pas l'air pressé de fuir la zone. Durant tout notre voyage, il n'a pas eu l'air gêné par la présence des combattants du NDC. Il les a même, pour la plupart, salués chaleureusement, comme de vieilles connaissances. La présence du NDC lui complique pourtant la vie : son école forcée de fermer durant les affrontements, les familles de ses élèves directement touchées par la violence chronique qui agite Walikale, les jours de marche à pied qu'il lui faut faire pour rallier Pinga et vérifier que tout se passe bien dans son établissement. Il m'explique :

– Ces combattants et petits commandants, je les connais. Beaucoup ont étudié dans mon école.

– Ils ne te feraient pas de mal ?

– Non. Ils me respectent. J'étais leur directeur ! Je connais leurs parents, leurs familles.

– Mais qu'est-ce que tu penses du NDC ? Tu les soutiens ?

– C'est compliqué. Ils nous protègent, nous les Nyanga. Mais, en même temps, ce sont eux qui amènent la guerre. Ils nous protègent d'attaques mais c'est parce qu'ils sont là qu'on nous attaque.

Monnayer la protection contre un danger qu'on a soi-même créé : c'est la définition du racket. C'est ce que fait la mafia lorsqu'elle demande à des commerçants de la payer pour ne pas avoir d'ennuis – ennuis qui n'existeraient pas sans elle. Mais les groupes tels que le NDC ne fonctionnent pas que par la menace, le chantage et l'extorsion, même si beaucoup de leurs pratiques relèvent de ce registre.

– Quand même, grâce au NDC, les locaux ont retrouvé le contrôle de leurs mines, m'assure le directeur. Avant le milieu des années 1990, les gisements de Walikale étaient exploités par les habitants de la province eux-mêmes. Et puis les FDLR sont arrivés et ils les en ont chassés pour se servir eux-mêmes ; ou bien ils leur imposaient de leur reverser une grande partie de leurs revenus. Le NDC les a chassés à leur tour, et a permis aux locaux de reprendre l'exploitation artisanale, pour leur propre compte.

Le ravitaillement terminé, nous reprenons la route. Françoise est silencieuse. À quoi pense-t-elle ? Elle vient de perdre l'espoir de rentrer chez elle, condamnée à rester, pour le moment, dans la grande famille des déplacés de guerre. Juge-t-elle, comme le directeur, que la présence du NDC a eu des effets bénéfiques pour les habitants des environs ? De l'autre côté du fusil, du côté des civils, la réalité n'est pas monocolore. On peut, comme le directeur, subir indirectement les conséquences de la présence d'un groupe armé et souhaiter son départ, tout en estimant qu'il a rendu service aux habitants des zones qu'il occupe. Mais n'est-ce pas là le discours d'un directeur d'école, autrement dit d'un petit notable ayant suffisamment de connaissances parmi les commandants pour ne pas être inquiété ? Françoise, elle, ne semble pas disposer de ce capital social. Elle ne compte pas revenir sur place seule.

Ntabo Ntaberi Sheka, en tout cas, croit en sa popularité : il s'est présenté comme candidat aux élections législatives de 2011. Des ONG de défense des droits humains se sont indignées qu'un homme poursuivi pour crimes contre l'humanité puisse ainsi concourir sans être inquiété. Sheka espérait-il que les gens votent pour lui en se disant que des fonctions politiques officielles le feraient se détourner de ses activités militaires ? Ou estimait-il qu'il avait démontré qu'il était le plus à même d'assurer la protection de sa communauté, les Nyanga, et qu'il méritait donc de diriger la province où ils étaient majoritaires ? Peut-être s'est-il laissé griser par les marques de respect qu'on lui témoigne au quotidien, prenant des expressions de crainte pour une sincère admiration ? Il n'a en tout cas pas été élu.

*

Kibua, de nouveau. Je dis au revoir à mes compagnons de route, et entame ma dernière journée de moto avant de regagner Goma. Dans la capitale provinciale, les inégalités sautent à la figure : villas barbelées contre maisons de planches sans eau ni électricité, argent des expatriés et des chefs de guerre contre revenu de la débrouille, de la vente de ferraille ou du lavage de voitures. Mais je me réjouis par avance d'y retrouver quelques visages familiers, et le calme du bord du lac Kivu. Les kilomètres filent. Mokhtar conduit notre moto. Il n'a pas son pareil pour franchir les pires ornières. Il a longtemps travaillé à Pinga, comme chauffeur pour le compte de Médecins sans frontières. Mais la dégradation de la situation sur place a poussé l'ONG à suspendre son programme, l'obligeant à se reconvertir en moto-taxi à son propre compte.

Au loin, un tronc est posé en travers de la route. Une barrière. Mokhtar ralentit, et stoppe à hauteur de la demi-douzaine d'hommes assis à l'ombre, à quelques mètres. Ils nous scrutent. L'un d'eux se lève lentement, et s'approche de nous. Il doit avoir une vingtaine d'années. Il brandit un couteau dans la main droite.

– Donnez 200 francs.

Mokhtar répond, par réflexe, en bon ancien de MSF :

– Nous sommes des humanitaires. Vous devez nous laisser passer, c'est la règle. On ne paie pas.

– 200 francs, j'ai dit !

Mokhtar est tendu. Il ne cherche pas à sympathiser, comme il l'aurait fait avec des combattants du NDC, dont beaucoup sont Nyanga comme lui. La barrière est probablement tenue par des hommes de l'APCLS. Le type s'approche encore, il est désormais à notre hauteur. Je tente autre chose :

– Bonjour !

Le combattant hésite un instant, trouvant certainement étrange mon assaut de politesse, puis me rend la pareille.

– Bonjour.

Je profite qu'il se soit rapproché pour lui tendre la main – la droite, avec laquelle il est d'usage de se saluer. Machinalement, il passe son couteau dans la main gauche, pour me rendre la salutation.

– APCLS, c'est ça ?

– APCLS, oui.

Mon petit numéro n'a pas l'air de lui plaire. Il s'impatiente.

– Maintenant, donne les 200 francs.

– Ton prénom ?

– Pourquoi tu veux connaître mon prénom ?

– Rien, seulement pour parler avec ton chef.

– Mon chef ?

Je sors de ma poche l'ordre de mission que je prends soin de faire signer par les autorités – régulières ou insurgées – de chaque zone dans laquelle je passe. Je lui montre le cachet de l'APCLS et la signature que Janvier, le général aux bottes blanches, a apposée lors de mon passage à Lukweti quelques semaines plus tôt. Il sursaute :

– Ah ! Mais tu connais mon chef ! Non, tu ne dois pas lui parler de moi. Pas de nom, je ne te donne pas de nom ! Partez d'ici, maintenant !

Il court ouvrir la barrière. Mokhtar redémarre dans un éclat de rire :

– Il a eu peur de se faire sérieusement chicotter si sa hiérarchie apprend qu'il taxe les étrangers illégalement !

Le membre des Rayia Mutomboki qui, ivre, avait tiré en l'air lors d'une nuit à Shabunda, avait été « sérieusement chicotté », lui aussi. Cette fois, nous sommes à une centaine de kilomètres du QG où réside Janvier, mais ce combattant craint les foudres de sa hiérarchie. Certes, probablement davantage par peur des fouets – ou de perdre son grade – que par grandeur d'âme ou par respect du droit humanitaire international, mais il n'empêche : difficile de parler de miliciens « livrés à eux-mêmes », comme on peut le lire à longueur de colonnes et de rapports. Même décentralisés, même postés à des heures de route de leur commandement, ces combattants observent un semblant de discipline.

Mokhtar plaisante mais, quelques minutes plus tôt, nous n'en menions pas large. Que se serait-il passé si je n'avais pas pu brandir ce bout de papier ? Ou si je n'avais pas été blanche ? Je tente d'imaginer Françoise, passant la même barrière. J'ai pu m'en sortir car j'ai pu convaincre ce combattant que je « connaissais des gens ». D'autres Congolais auraient pu faire de même : arguant de leur statut de fils de colonel, de neveu de député, de belle-mère de tel ou tel fonctionnaire. Mais, pour les cultivateurs et cultivatrices, éleveurs ou commerçantes sans connaissances haut placées, l'issue est autrement plus douloureuse : être « taxé » quotidiennement, violenté, ou les deux.

Des éleveurs se cotisent pour offrir des « cadeaux » aux chefs de guerre afin qu'ils n'attaquent pas leurs troupeaux lors de la transhumance. Des hommes politiques sollicitent des groupes armés pour en faire leur milice privée moyennant quelques « dédommagements », comme les « Forces d'autodéfense locales et légitimes » présentes dans les Moyens Plateaux qui surplombent Uvira, au service quasi exclusif d'un chef coutumier, le *mwami* Ndare Simba. Au Congo comme ailleurs, la protection se monnaie.

L'autorisation

Uvira, Sud-Kivu

Après la boue des forêts de Shabunda et du Masisi, les rues sablonneuses d'Uvira ont quelque chose d'apaisant. La chaleur peut y être assommante mais, à tout prendre, je la préfère aux nuits où le froid et l'humidité tombent comme une chape sur la forêt tropicale.

Amise, le président du MDLC, occupe une petite chambre d'étudiant dans la banlieue proche de la ville. Il a l'air préoccupé. Tôt le matin, il m'avait appelée avec le téléphone d'un ami pour me demander de passer le voir.

– Qu'est-ce qui se passe ?

– Un des commandants militaires m'a appelé. Il me demande de lui envoyer une lettre d'autorisation de guerre.

– D'autorisation de guerre ? Pour mener des opérations ?

– Oui. Pour attaquer la ville de Minembwe. Il m'a demandé ça aujourd'hui.

Minembwe : la principale ville des Hauts Plateaux, où se trouvent un hôpital, une base des casques bleus de la Monusco, et quelques bureaux d'ONG. J'ai pu m'y rendre une fois, en trouvant une petite place dans un hélicoptère de la Monusco. Je ne savais pas alors que, sous mes pieds, dans les montagnes qu'il faut survoler pour arriver à Minembwe, se trouvaient plusieurs des commandants de la liste de Kasenga.

– Qu'est-ce que tu lui as répondu ?

– Je lui ai dit d'attendre que je consulte d'abord la classe politique. J'ai un rendez-vous avec lui par téléphone ce soir pour lui donner la décision. Il sera au réseau.

– Il a les moyens militaires pour faire ça ? Pour affronter l'armée régulière ?

– Il dit qu'il a des moyens de communication, des armes et aussi des balles.

– Il a une stratégie, un plan ?

– J'attends qu'on s'appelle encore pour préciser. Je vais lui demander s'il a déjà dessiné la cartographie, comment ils vont s'affronter avec le gouvernement sans pour autant tracasser la population, comment ils vont protéger les biens de la population. Tout cela, ils doivent le dessiner, prévoir ça, avec des schémas et des, des…

Amise prend un air assuré mais semble un peu dépassé. Le soir, j'en parle à Mahuno l'enseignant.

– C'est quoi, cette histoire de Minembwe ?

– Ah, Amise t'a dit ? Oui, on veut faire quelque chose à Minembwe, attaquer par exemple le terrain où la Monusco fait atterrir ses hélicoptères. Pour nous faire entendre.

– Vous comptez faire ça quand ?

– Bon, ça n'est pas encore sûr. Moi, je préférerais qu'il y ait une opération ici, à Uvira. Ou sinon, on frappe Minembwe et Uvira le même jour. Il suffit que j'appelle nos combattants qui sont dans le centre de brassage, et ils viendront. C'est seulement l'argent pour les transporter qui manque. Mais, sinon, c'est quelque chose qu'on a déjà tablé avec les commandants, ils ont accepté.

– Mais ça vous servirait à quoi ? Vous ne pouvez pas prendre la ville durablement, les FARDC finiront par vous déloger...

– Le but, c'est de montrer au gouvernement qu'on n'est pas d'accord qu'ils négocient avec le M23. Ce qu'ils font à Kampala, là, on n'est pas d'accord. Les groupes mayi mayi aussi doivent être là-bas.

Depuis quelques jours, les discussions sont ouvertes dans la capitale ougandaise entre des représentants du gouvernement congolais et du M23, le groupe armé qui a pris Goma et occupe une partie du Nord-Kivu. Le M23 réclame notamment l'annulation de l'élection présidentielle de 2011 qui a reconduit Joseph Kabila à la tête de la RDC, l'amnistie pour tous ses membres, le retour au Congo des réfugiés tutsis déchus de leur nationalité zaïroise à l'époque de Mobutu, ainsi qu'un certain nombre de garanties sur les grades, fonctions et salaires de ses combattants souhaitant intégrer l'armée congolaise. Les groupes mayi mayi ne sont pas conviés à Kampala. Eux n'ont pas les effectifs et la force de frappe du M23, et ne semblent pas intimider les autorités congolaises, qui profitent de leurs divisions internes pour en coopter certains et laisser la majorité vivoter au maquis. Pour avoir le droit eux aussi de négocier une part du pouvoir politique et militaire, ils doivent se rassembler et faire poids. C'est ce qu'a compris un homme, un avocat de profession, ambitieux et à la mise soignée : Emmanuel Ndigaya Ngezi, dit Lafantaisie.

L'art du bluff

Mahuno se lève, cale sa pochette cartonnée d'instituteur sous le coude, et descend souplement les escaliers du *Blue Cat*. Nous convenons de reparler de Minembwe plus tard. Il est pressé : il se rend à une réunion importante de son groupe, le MDLC. Un dénommé Lafantaisie, avocat de son état, résidant à Lubumbashi, souhaite former une coalition de groupes armés au Sud-Kivu. Le MDLC doit décider s'il accepte ou non le ralliement à ce mouvement. Je décide, moi aussi, de rencontrer cet entrepreneur d'un drôle de genre. Je le contacte quelques jours plus tard : il accepte de me recevoir.

– La maison de Lafantaisie ? Tu veux dire, le candidat malheureux ? Oui, je connais !

Le taxi-moto n'a pas besoin que je lui détaille l'adresse : depuis qu'il a été candidat aux élections législatives, l'homme est connu en ville. Un grand portail rouge s'ouvre sur deux 4 x 4 garés dans une cour. Quatre hommes attendent, les regards tournés vers un type en costume-cravate, chaussures croco noires et petit pin's en forme de balance de la justice sur le revers de sa veste. Il est au téléphone. Il fait signe à l'un d'eux de m'accompagner un peu plus loin. On m'installe une chaise en plastique au milieu de la pelouse, à l'ombre d'un arbre, et on en met une autre en face. L'avocat ne tarde pas à me rejoindre, trois téléphones – dont deux smartphones – à la main. Un autre signe de la main à ses sbires : on lui amène une autre chaise, où il dépose cet arsenal.

Il me demande qui m'a parlé de lui. Je ne veux pas donner le nom de Mahuno, à qui cela pourrait amener des ennuis. Je tente :

– Oh, vous savez, on parle beaucoup de vous dans la province.

Il s'esclaffe et n'insiste pas. Je l'interroge sur l'origine de sa coalition.

– Je suis d'abord un avocat de profession. Je réside à Lubumbashi. Mais si je suis ici, à Uvira, aujourd'hui, c'est par rapport à la demande des Mayi Mayi. Vous connaissez les Mayi Mayi ? Il y a quelques mois, les seigneurs de guerre mayi mayi qui restent à Fizi et à Uvira m'ont appelé. Ils m'ont dit : « Écoutez, nous sommes réunis ici en groupe, nous vous avons choisi pour être notre leader, notre interprète, notre chef de mouvement. » Je leur ai dit : « Est-ce que vous êtes sérieux dans ce que vous me dites ? » Ils m'ont dit : « Oui, nous sommes sérieux, nous sommes décidés. »

– Vous êtes donc venu de Lubumbashi pour les rencontrer ?

– Oui, je suis arrivé il y a deux semaines. Nous avons fait beaucoup de réunions. Ils m'ont dit : « Nous avons notre cahier des charges. On vous envoie avec ce cahier des charges à Kinshasa pour que vous en discutiez avec les politiciens. S'ils acceptent ce que nous réclamons, nous allons intégrer l'armée. »

– Vous leur avez dit oui ?

– Je leur ai dit que tout ce qui concerne l'opposition, je ne peux pas, ça ne m'intéresse pas, parce que je suis de la majorité présidentielle. Mais si nous sommes ensemble pour aider le chef de l'État dans ses démarches de demander aux groupes armés d'intégrer l'armée régulière, là, je marche avec. C'est comme ça qu'on a créé le Front du peuple pour la défense du Congo.

– Si je comprends bien, vous formez une coalition de groupes armés… pour déposer les armes ?

– C'est ça. L'objectif, c'est de faire sortir les Mayi Mayi de la brousse.

Je regarde l'avocat, ses smartphones, son pin's, sa cravate, ses luxueux 4 x 4. Pour sûr, il fera plus d'effet dans les antichambres kinoises qu'un Mzee Zabuloni fatigué ne comprenant pas le français, ou même qu'un Mahuno, fougueux et ambitieux, mais sans le sou.

*

Lafantaisie court probablement moins de risques que Bagayamukwe, l'ancien chef des services informatiques de la Banque du Congo, arrêté en même temps que Martin. Contrairement à l'UFRC de Bagayamukwe, sa coalition n'est pas soupçonnée de liens avec Kigali, et n'a pas ouvertement déclaré la guerre au gouvernement. Il n'empêche, l'avocat au pin's joue gros. Il peut se ruiner dans cette entreprise, se décrédibiliser politiquement, être inquiété par les autorités. Bagayamukwe et lui ont d'ailleurs des parcours parallèles : des hommes aisés, originaires du Sud-Kivu, qui ont fait carrière à l'extérieur de la province, y sont revenus avec des ambitions politiques, ont échoué à se faire élire députés et ont fini par se reconvertir en chefs de coalitions armées.

Mais Lafantaisie peut aussi, s'il parvient effectivement à s'imposer comme interlocuteur entre les autorités et les groupes mayi mayi, gagner une réputation, une carrière d'élu ou un poste important. La prison ou la fortune : le destin des « politico-militaires » comme lui peut, à tout moment, basculer d'un côté ou de l'autre. L'art de leur métier consiste à démontrer leur capacité de nuisance – pour faire monter les enchères lors des négociations de paix – tout en laissant la porte ouverte à des négociations. Se montrer trop agressif, c'est risquer d'être réprimé par la force. Se montrer trop mou, c'est hypothéquer ses chances de voir ses revendications satisfaites : pourquoi les autorités feraient-elles des concessions à de petits groupes qui ne représentent personne ?

Au sein de ces coalitions, les tâches sont soigneusement réparties. Aux commandants militaires, celle de mener des coups de force pour rappeler leur existence et leur force de frappe : le MDLC qui projette d'attaquer l'héliport de Minembwe, ou encore Fujo, le fils de Mzee, qui s'empare d'Uvira pour médiatiser sa désertion des FARDC. Aux hommes comme Lafantaisie, celle d'accompagner ces coups de force de coups de bluff – en gonflant les chiffres des effectifs combattants, par exemple – et de se poser en personne capable de remettre ces insurgés dans le droit chemin, celui de l'armée régulière.

« Les entrepreneurs politico-militaires ne s'insurgent pas contre l'État. Ils cherchent à en prendre le contrôle en empruntant le chemin tracé par leurs prédécesseurs : celui qui va du maquis au Palais présidentiel. » L'analyse, développée dans un livre publié par les éditions Karthala en 2013, pourrait parfaitement s'appliquer aux jeux de pouvoir congolais. Son auteure, la chercheuse Marielle Debos, y décrit pourtant le champ politique d'un autre pays : le Tchad. Tout comme ces quelques lignes, parues dans la revue *Politique africaine* en 2012, que l'on croirait tout droit venues du Kivu : « Des membres de [deux mouvements armés] décrivent leur décision d'attaquer des villes comme une tentative de "choquer" (un verbe qui revient souvent dans les entretiens) le gouvernement pour qu'il prenne soin d'eux en leur offrant, par exemple, un revenu. » Elles évoquent en réalité la situation en Centrafrique, dont l'auteure, Louisa Lombard, chercheuse elle aussi, est une fine observatrice. Car les entrepreneurs « politico-militaires » ne sont pas une spécialité congolaise. Ils prospèrent sur les théâtres de guerre, attirés par les bénéfices que peut rapporter un processus de paix bien mené.

Ils sont particulièrement nombreux au Congo, où la communauté internationale a investi des sommes gigantesques dans l'organisation de « dialogues » et autres programmes de « démobilisation » des combattants et de « stabilisation » du pays. Le budget annuel de la seule Monusco était, en 2014, d'un peu plus d'un milliard d'euros. Comment les entrepreneurs politico-militaires tirent-ils profit, concrètement, de la manne des fonds alloués à la « pacification » ? La conférence de Goma de 2008 en est un bon exemple.

Je parviens à retrouver l'un des organisateurs de cette grande réunion, tenue en 2008 dans la capitale du

Nord-Kivu et ayant débouché sur des engagements des groupes armés à cesser les hostilités – engagements qui feront long feu. À l'époque, ce n'était pas le M23 avec lequel les autorités congolaises avaient été forcées de négocier à la suite de nombreuses défaites militaires, mais le CNDP – un mouvement frère, composé en partie des mêmes officiers. Une partie des groupes mayi mayi y était représentée. Dans les archives de la conférence, je retrouve le script d'une déclaration signée du « général de brigade Zabuloni Rubaruba », le numéro 1 de ma liste, Mzee en personne. Au rang des signataires, d'autres noms désormais familiers : les groupes Yakutumba, Zabuloni, Rayia Mutomboki ou encore Kapopo – le chef mayi mayi qui m'a reçue à Bukavu dans un joyeux désordre d'enfants et qui a écrit à Kabila pour obtenir le commandement de la province militaire.

Un Européen qui occupait alors d'importantes fonctions au sein de la mission des Nations unies au Congo accepte de me raconter les coulisses de la conférence. Nous ne pouvons nous voir, mais convenons d'un rendez-vous téléphonique. Durant les trois quarts d'heure que dure notre conversation, je reste suspendue à mon combiné. Sans doute ai-je longtemps été naïve, mais je n'ai jamais entendu un récit aussi brut de ce qu'est réellement une « conférence de paix » :

– Il faut comprendre que Kinshasa, à ce moment-là, ne voulait pas avoir à négocier directement avec le CNDP, m'explique-t-il. Alors, les autorités congolaises ont encadré le maximum de groupes mayi mayi possible : elles leur ont donné des représentants – qui parfois venaient de Kinshasa et pas du tout du terrain – de manière à avoir plus de monde autour de la table et à noyer l'influence du CNDP.

– Elles leur ont « donné » des représentants ?

– Oui. Il y a même des groupes mayi mayi qui n'existaient absolument pas avant la conférence de paix et qui ont été soutenus, générés, créés par Kinshasa à coups de valises de dollars.

– Mais comment c'est possible, concrètement ?

– Eh bien, on prend trois mecs, et on leur dit : « Écoutez, il y aura la conférence, vous y allez. Dans le même temps, essayez de recruter chez vous : avec l'argent que je vous donne, essayez de recruter une vingtaine de types, et puis faites un peu de bruit, comme ça, on croira que vous êtes deux cents et que vous êtes un vrai groupe. »

Ces préludes terminés, vient le temps de la conférence elle-même : les « politico-militaires » entrent en scène et déploient leur art. À l'époque, Emmanuel Lafantaisie n'est pas encore le coalisateur qu'il tente de devenir mais les rues de Goma sont déjà remplies d'ambitieux de sa trempe.

– Dans ce genre de conférence, les participants sont logés et touchent de l'argent. Et donc, il y a des gens qui en font une véritable profession. Je me souviens notamment d'un certain Didier Bitaki qui, initialement, était autour de la table pour représenter les Mayi Mayi Kifuafua, du Nord-Kivu. Quelqu'un de très malin et très ambitieux. Il a compris qu'il y avait un business. Il s'était autonommé porte-parole des groupes armés. Les autres gens autour de la table me disaient : « Mais il est fou ? Hors de question ! » Mais ils ont quand même été obligés d'accepter, parce que Kinshasa passait par lui pour distribuer de l'argent.

– De l'argent pour la démobilisation ?

– Pour les *per diem* – les dédommagements journaliers –, et pour obtenir que les négociations se passent toujours bien. Il faisait d'ailleurs ses distributions dans mon bureau. Ça m'avait un peu énervé. Il s'installait à mon bureau, il sortait sa grosse valise et, un par un, les responsables de groupes armés qui participaient aux négociations rentraient, récupéraient leur paquet de billets, et repartaient. Alors forcément, ils ont été un peu obligés de l'accepter comme soi-disant responsable.

– D'où est-ce qu'il vient ? Il est militaire de formation ?

– Non, c'est un petit affairiste du Nord-Kivu. Régulièrement, il essaie de faire parler de lui dans la presse, parce que ça lui donne de la visibilité, et si ça lui donne de la visibilité, les gens à Kinshasa vont effectivement penser que...

– Que c'est quelqu'un d'important...

– Que c'est quelqu'un d'important et qu'il a de l'influence. Et donc, derrière, ils vont lui donner l'argent qu'il demande. C'est un businessman.

*

Les chercheurs allemands Denis Tull et Andreas Mehler ont consacré dès 2005 un article aux effets paradoxaux de ces accords de partage du pouvoir qui, au nom de la paix, récompensent la lutte armée. Concernant le Congo, une équipe menée par l'Américain Jason Stearns a produit plusieurs rapports sur des groupes armés qui décrivent les coups de bluff de certains entrepreneurs politico-militaires. Mais pourquoi personne, en dehors de ces quelques spécialistes issus du monde universitaire, ne décrit jamais ce jeu de dupes ? Des représentants qui ne représentent personne, des effectifs gonflés pour mettre le vrai ennemi – le CNDP ou le M23 – en minorité, une paix qui devient un business, une guerre devenue succession de coups de force et coups de bluff dans l'espoir, *in fine*, de décrocher de bons grades ou de bons postes, mais toujours, dans les campagnes, là où les cycles de vengeance et de représailles ne sont pas « résolus » à coups de grandes conférences, de vrais morts.

Peut-être car personne n'a réellement intérêt à dénoncer ces faux-semblants. Les « pacificateurs » doivent bien vivre, eux aussi, et justifier leur présence. La Monusco employait, en 2014, 25 591 travailleurs locaux et internationaux (dont 19 500 soldats et 1 090 policiers). Chaque année, on débat âprement de l'intérêt de renouveler son mandat : cette mission, la plus coûteuse du monde, n'a-t-elle pas échoué à ramener la paix dans l'Est ? Chaque année, il est finalement renouvelé. Quitte à mentir sur les dimensions du conflit auquel fait face la Monusco ? L'ancien des Nations unies est désabusé :

– Les chiffres peuvent être très trompeurs. Ils servent une politique de communication, parfois grossière, des autorités congolaises. Parfois, elles te disent : « L'armée congolaise a lancé une opération et a réussi à tuer 300 combattants FDLR. » Mais, sur le terrain, les casques bleus t'expliquent : « Non, ils se sont tirés dessus à trois kilomètres de distance pendant deux jours. » C'est parfois repris par des journalistes qui ne comprennent rien. Et c'est parfois aussi utilisé par la Monusco pour justifier de sa présence.

Jusqu'à quel point les chiffres des guerres du Congo peuvent-ils être « trompeurs » ? Et d'ailleurs, d'où viennent les bilans lus çà et là dans les médias, faisant état régulièrement de « sept millions de morts » depuis les années 1990 ? Je finis par trouver des réponses à mes questions dans un petit bureau enfumé, à deux pas de la place de la Bastille, à Paris.

V

Décrire la guerre

Par millions

Rue Saint-Sabin, Paris
Siège de Médecins sans frontières (MSF)

– Les chiffres des morts au Congo ? Une histoire compliquée…

Dans le hall du siège de MSF, un tas de sacs à dos d'humanitaires en partance attend son heure : Somalie, Afghanistan, Niger ? Le bureau de Jean-Hervé Bradol se trouve dans les étages. J'aperçois, alignés dans sa bibliothèque, des livres de sociologie et d'histoire de la région des Grands Lacs.

Jean-Hervé Bradol est médecin de formation. Il était présent au Rwanda pendant le génocide des Tutsis de 1994.

Puis, il a été directeur de la communication de l'ONG de 1996 à 1998, durant la première guerre du Congo. Je l'interroge sur les millions de morts des guerres de l'Est, annoncés par les ONG humanitaires et repris par des médias du monde entier.

– On les base sur des enquêtes de mortalité rétrospective. Je me souviens de la première qu'on a faite, en 1997. Un épidémiologiste de MSF, Pierre Nabeth, est allé interroger des groupes qui avaient fait 2 000 kilomètres à pied pendant des mois, pour finir par se réfugier dans la région de Betou, au Congo-Brazzaville. Il les a questionnés : combien ils étaient, au départ, dans la famille ? Combien étaient arrivés ? Combien étaient morts ? Combien étaient perdus de vue ? On avait évidemment trouvé des chiffres énormes. On a fait publier ça dans une importante revue médicale, *The Lancet*. C'est ensuite qu'IRC, une ONG américaine, a repris cette méthode et, surtout, a commencé à extrapoler.

IRC, l'International Rescue Committee. Leurs 4 x 4 sont nombreux à sillonner les rues de Bukavu, reconnaissables à leurs drapeaux jaune et noir.

– C'est une méthode fiable ?

– Ça pose beaucoup de problèmes méthodologiques, évidemment. Comment on délimite une famille ? Qui en est membre ? Il faut tout fixer, précisément, et il faut le fixer en langue locale. Il faut reconstruire des calendriers. Vous arrivez, vous parlez du « 1er janvier » mais, dans la plupart des endroits où vous travaillez, les gens ne se souviennent plus.

Je veux bien le croire : je me souviens de tous ces entretiens où il m'a fallu demander, pour pouvoir mettre des dates sur des récits : « Avant ou après la chute de Mobutu ? » ou : « Avant ou après la mort de Kabila ? »

– Ensuite, la mort, poursuit Bradol. Comment vous définissez la mort ? On vous dit : « Ah, mon cousin est mort dans la forêt. – Comment vous savez que votre cousin est mort dans la forêt ? – Ah, c'est son arrière-petit-neveu qui m'en a parlé. » Bon. Comment vous classez le fameux cousin ? Comme mort ? Alors là, vous inventez une catégorie : « disparus ». Dans cette affaire de Congo, là, c'est la catégorie disparus qui est énorme.

La première fois que j'ai eu sous les yeux une estimation du nombre de morts dans les guerres du Congo, j'ai dû la relire plusieurs fois pour être certaine de bien comprendre. C'était un article de Nicolas Kristof, un journaliste américain, arpenteur de longue date du continent. En 2010, de passage dans les Kivus, il écrivait dans le *New York Times* : « On se demande aujourd'hui comment chefs d'État, journalistes, religieux ou citoyens ordinaires ont pu fermer les yeux sur le meurtre de 6 millions de Juifs pendant l'Holocauste. Et nous sommes persuadés que nous n'aurions pas fait comme eux. Pourtant, à ce jour, la guerre dans l'est du Congo a non seulement duré plus longtemps que l'Holocauste, mais elle a été plus meurtrière, avec un bilan estimé à 6,9 millions de morts. Et que faisons-nous ? »

– Est-ce que le chiffre de sept millions, avancé par Kristof et repris par de nombreux médias, vaut quelque chose ?

Jean-Hervé Bradol se lève, va fermer la porte du bureau, et fume une cigarette par la fenêtre tout en me répondant.

– Dire « sept millions de morts », comme ça, non. Peut-être : « Les morts se comptent par millions maintenant. » On parle d'ordres de grandeur, des fourchettes larges. Si vous dites que vous avez perdu 10 % de la population de cette région en dix ans, par exemple : en fait, vous êtes en train de parler de quelque chose entre 5 % et 15 %, vous ne savez pas exactement.

De fait, concernant les morts des guerres au Congo, « on ne sait pas exactement ». Aux difficultés liées au questionnaire s'ajoutent des problèmes d'échantillon.

– Par définition, s'il y a vraiment la guerre, vous ne pouvez pas avoir de précisions partout, sur de larges territoires, relève l'ancien directeur de MSF.

Pour pouvoir parler de cinq millions, IRC a dû extrapoler à partir des territoires accessibles. Et pour parler de 6,9 millions, Nicholas Kristof a… extrapolé à partir de cette extrapolation. Le journaliste a sorti sa calculatrice : si, s'est-il dit en somme, IRC estimait en 2007 que les conflits du Congo avaient fait cinq millions de morts en neuf ans, combien de morts aujourd'hui (il écrivait en 2010) ? Une simple règle de trois : ils doivent être un peu moins de sept millions. Autrement dit, le reporter a estimé que le conflit devait probablement faire le même nombre de victimes chaque année. Improbable arithmétique : *quid* de l'évolution des combats, de leur localisation et leur intensité, des conditions sanitaires, des épidémies, de la présence des humanitaires, sans même parler des déplacés et réfugiés ?

Autre précision d'importance, lorsqu'il s'agit de chiffres : la guerre ne tue pas de la même manière au Congo que dans l'Europe de la Seconde Guerre mondiale – conflit volontiers pris comme point de comparaison par les humanitaires et les journalistes. Les « victimes de la guerre » évoquées par Kristof ou par les ONG à l'origine des estimations ne sont pas toutes des personnes mortes au cours – ou des suites de blessures – de combats. L'estimation d'IRC comptabilise, les mots sont importants, les morts « directement et indirectement » dues à la guerre. Soit, outre les combattants, les victimes du choléra, de malnutrition, et tous ceux qui n'ont pu être soignés car les conflits ont affecté le système de santé.

Mort directe ou indirecte : après tout, n'est-ce pas un détail qui complique le propos, lorsque l'essentiel est d'évoquer les ravages d'une guerre mal connue ? La question pourrait être anecdotique si ces morts indirectes ne représentaient pas, d'après International Rescue Committee, plus de 90 % des décès évoqués concernant le Congo. Voilà, peut-être, pourquoi les campagnes congolaises peuvent paraître relativement paisibles hors du coup de feu et, en même temps, compter des victimes par millions : les morts ne sont pas tant à chercher sur les lignes de front que dans les hôpitaux, les postes de santé ou derrière les murs des abris de fortune où l'on décède d'avoir dû fuir les combats.

– Alors, pourquoi s'échiner à parler de chiffres dont on sait qu'ils sont inexacts ?

Bradol termine sa cigarette et referme la fenêtre.

– Sinon, les gens ne vous écoutent pas, traitent ce que vous dites comme si c'était une anecdote. Souvent, nous, on n'aurait pas besoin de compter à ce point-là pour faire notre travail. Mais on compte quand même : combien de malnutris, combien de massacrés. Tout simplement parce que sinon, on ne nous croit pas.

– Qui, « on » ?

– « On », tous nos interlocuteurs : les agences des Nations unies, les autorités locales, les autorités nationales, les journalistes, les chercheurs en sciences humaines qui bossent sur le sujet... On nous dit : « Oui, ils souffrent, mais combien ils sont ? » Voilà, c'est comme ça. Parce que s'ils ne sont pas trop nombreux, dans le fond, on va quand même s'en accommoder.

Avant que je ne le quitte, Jean-Hervé Bradol ajoute encore :

– Vous savez, la guerre, ça ne veut pas dire grand-chose. La plupart du temps, vous êtes dans un pays en guerre, mais vous ne vous en rendez plus compte, parce que vous êtes rarement au milieu. La guerre, souvent, c'est dans un coin quelque part, et vous, vous la voyez de loin. Et tant mieux. Parce que quand vous la voyez de près, ça n'est pas très gai.

Massacres invisibles

En arrivant pour la première fois dans les Kivus, on ne la voit pas. On la cherche au détour d'un sentier, d'une ruelle, d'un marché. La guerre ne saute pas à la figure : on apprend à voir ses traces. Dans le paysage urbain de Bukavu, entre deux rangées de maisons et l'horizon vert du lac Kivu, on note mentalement, comme pour s'assurer que oui, c'est bien ici la « zone rouge » : d'abord, entraperçus une nuit, les chars blancs de la Monusco en patrouille. À bien y regarder, il y a aussi ces figures abstraites dessinées par les impacts de balles sur les façades de certains bâtiments en béton – vestiges de la bataille entre armée congolaise et CNDP qui a secoué la ville en 2004. Le ballet des Jeeps noires des FARDC dévalant les routes de la ville avec à leur bord des soldats hérissés d'AK-47 et de lance-roquettes. Le fil barbelé sur les murs d'enceinte des résidences des dignitaires, des ONG et des responsables des forces armées. En quittant la ville, on prend l'habitude de scruter les bords de route pour y voir les soldats, seuls ou par groupes de quatre ou cinq, marchant le long du goudron sous le soleil de plomb pour regagner leur camp. Il y a aussi les « barrières » tenues par les FARDC puis, à mesure que l'on s'éloigne des centres urbains, par des hommes armés au statut de plus en plus indéterminé : soldats réguliers, paramilitaires, membres d'un groupe d'autodéfense villageois ou d'un groupe rebelle, peu de choses les distinguent en apparence.

On peut rester longtemps dans les Kivus et ne rien voir d'autre que cela : des traces. Pas de sang, pas de cris, pas de détonations. Juste du tissu kaki, du fil barbelé et le métal froid des fusils. Se tromperait-on, depuis des années, sur l'ampleur de ce conflit ? Même si certaines ONG font preuve d'un peu trop de certitudes sur leur nombre précis, il y a bien eu des millions de morts à l'est de la RDC. Même si une partie de leur stratégie consiste à se montrer plus forts qu'ils ne le sont, il existe bien plusieurs dizaines de groupes armés actifs au Nord et au Sud-Kivu. Les tueries, les viols de masse, les enlèvements et les travaux forcés sont des réalités, de même que – conséquences de l'avanie du système de santé et de la difficulté d'accès à des zones dangereuses – les épidémies de choléra, de peste et de tuberculose.

Non : si la plupart du temps la violence reste invisible – sauf de ses victimes directes –, ce n'est pas parce qu'elle n'existe pas. C'est parce que, comme le dit Jean-Hervé Bradol, de MSF, on se retrouve rarement « au milieu ».

Quelques kilomètres de distance suffisent pour ne pas voir les violences. Les événements violents, même dans une zone affectée par des conflits particulièrement marqués, sont en fait très circonscrits dans le temps et dans l'espace. Le constat se vérifie d'autant plus au Congo, pays le plus vaste d'Afrique subsaharienne, où il n'y a que très rarement de véritables fronts qui s'instaurent. On s'y tue le plus souvent lors de descentes punitives éclairs sur des villages, plutôt que lors de bruyants bombardements en zone urbaine. La guerre n'a pas besoin d'être spectaculaire pour être dévastatrice.

*

Hauts Plateaux de Minembwe (Sud-Kivu)

Les hommes se sont regroupés dans le salon, la mine sombre, autour du poste de radio. Dehors, l'aurore est froide et enveloppée de brume, comme souvent ici. Les Hauts Plateaux sont l'une des parties les plus enclavées du Sud-Kivu. Je suis venue y rencontrer les membres d'un groupe armé d'autodéfense monté par des éleveurs afin de se défendre contre les attaques des Mayi Mayi sur leurs troupeaux. En saison des pluies, on n'atteint Minembwe qu'à pied, après quatre jours de marche à travers les montagnes depuis Uvira. Les routes sont trop mauvaises pour laisser passer des 4 x 4, et rares sont les motards qui, en plus d'affronter la boue, sont prêts à prendre le risque de tomber dans des embuscades tendues par les bandits des environs. J'ai pu atteindre Minembwe en trouvant une place dans l'hélicoptère des Nations unies qui, une fois par semaine, vient ravitailler sa base de casques bleus.

Dans mes bagages, un petit livre de l'écrivaine belge Lieve Joris, *Les Hauts Plateaux*. Elle y raconte son périple à pied de Minembwe à Uvira, sur ces plateaux où vivent de nombreux éleveurs banyamulenge (tutsis congolais). Je l'ai lu pour la première fois depuis la France, à une époque où je n'avais pas encore mis les pieds au Congo. Il m'a fait me dire que c'était possible d'y aller, même seule, même jeune, même blanche. Quelques années plus tard, au moment de me rendre moi aussi à Minembwe, derrière « ce mur compact de mystérieuses montagnes bleues », j'ai naturellement glissé mon exemplaire des *Hauts Plateaux* dans mon sac à dos.

Ce matin-là, la famille d'éleveurs qui m'héberge a presque oublié ma présence. Tout le monde est captivé par les informations crachotées en kinyarwanda. Les bulletins d'information annoncent que Bosco Ntaganda a pris le maquis pour échapper au mandat d'arrêt lancé contre lui par la CPI, et a appelé d'autres soldats des FARDC à se mutiner. Ntaganda : un vétéran de toutes les luttes soutenues par Kigali, passé notamment par l'AFDL de Kabila, l'Union des patriotes congolais (UPC) en Ituri, le RCD, puis le CNDP de Laurent Nkunda, avant d'être intégré en 2009 à l'armée régulière congolaise avec le grade de général. Combien seront-ils d'anciens camarades de lutte à le rejoindre dans son fief du Masisi, au Nord-Kivu ?

Les brumes du matin se dissipent, les uns et les autres se réchauffent autour de quelques gobelets de thé fumant. À intervalles réguliers, la porte en tôle grince et laisse apparaître dans son encadrement une silhouette masculine, chapeau sur la tête et bâton de bouvier à la main. Ce sont les voisins, qui vont et viennent aux nouvelles. On leur annonce : c'est la guerre qui recommence. Les tirs ont déjà commencé à Minembwe, à deux kilomètres d'ici, confirme l'un. Sans doute des soldats qui se reconnaissent en Ntaganda et estiment, comme lui, que les anciens du CNDP ne sont pas correctement considérés au sein de l'armée régulière. Un autre, un vieillard dont la maison a été détruite à l'artillerie vient raconter son calvaire. On raconte que plus au sud, des milices profitent du désordre pour s'attaquer aux troupeaux. On s'agite, on discute, on se met en route pour des marches de douze heures à travers collines et ruisseaux pour aller s'enquérir de la situation de son bétail.

Je choisis de me rendre à Minembwe. J'ai pu joindre par téléphone satellite Bertin, mon ami responsable de la sécurité d'une ONG. Il m'explique que les Hauts Plateaux risquent d'être pris en tenaille entre les officiers déserteurs du sud du Sud-Kivu et les troupes qui se regroupent autour de Ntaganda dans le Masisi, au nord. Il me recommande d'aller me terrer dans la paroisse de la ville, qui a peu de risques d'être attaquée, en attendant d'y voir plus clair. Je souris : c'est la paroisse d'où Lieve Joris commence son récit.

À Minembwe, surprise : la ville est calme. Où sont les traces des combats ? Les convois de mutins partis rejoindre Ntaganda ? Une grande confusion règne sur les incidents en cours, les auteurs des troubles, les victimes. Les observateurs militaires des Nations unies me renvoient vers les représentants de l'armée congolaise sur place, qui sont bien trop occupés à coordonner le retour des corps de leurs hommes tués pour s'épancher auprès d'une étrangère de passage. Parfois, un témoignage glané dans un bistrot ou au marché – haut lieu de l'échange d'informations en zone non couverte par le réseau téléphonique – permet de collecter une pièce du puzzle : le lieu d'une embuscade, quelques silhouettes de militaires aperçues sur une colline alentour. Maigre récolte. Être théoriquement au cœur de l'action, mais ne pas réussir à détricoter le fil des événements… Suis-je atteinte du syndrome de Fabrice del Dongo, ce personnage de *La Chartreuse de Parme* qui, plongé dans la bataille de Waterloo, ne voit qu'un désordre de coups de canon et de terre labourée ?

Si la situation à cinq kilomètres est très confuse, en revanche la campagne électorale alors en cours en France captive le prêtre de la paroisse locale, dont le poste de radio reçoit étonnamment bien France Inter. Il ne saurait dire combien de ses fidèles sont morts dans les conflits de ces dernières années, mais est quasi incollable sur l'« actualité internationale » distillée par les stations européennes.

Je finis par apprendre que si la mutinerie est réelle, les combats n'ont pas encore atteint les Hauts Plateaux. Les tirs entendus en centre-ville étaient un accident, survenu lors d'un nettoyage d'armes au camp militaire. Quant aux accrochages rapportés çà et là sur les plateaux : l'attaque d'un convoi de commerçants par des FLDR et des affrontements entre Mayi Mayi et bergers, mais rien qui ressemble à un front de mutins pourchassés par les troupes régulières. Je l'ai appris par les observateurs militaires des Nations unies ainsi que par des connaissances au sein de l'état-major des FARDC. Beaucoup d'habitants des environs ne le sauront jamais. Radio Voisinage n'a pas l'habitude des rectificatifs.

*

Faut-il aller au plus près des violences ? Trop près, on se laisse aveugler par les discours de haine, l'effroi et la rumeur. Trop loin, on se laisse griser par le plaisir de l'analyse : on rationalise à outrance, on ne questionne pas assez ses certitudes forgées à coups de rapports d'experts, on dote les belligérants de « stratégies » pas toujours pensées aussi clairement par eux, on reconstruit des logiques *a posteriori*. Entre deux, trouver la juste distance à la violence. Quitte, parfois, à accepter de raconter qu'on ne la comprend pas.

La « capitale mondiale du viol »

Hôpital de Panzi, Bukavu, Sud-Kivu

Je suis Kasenga dans le dédale de couloirs de l'hôpital. Nous trouvons enfin la chambre de son père : une pièce d'une quinzaine de mètres carrés, où flotte une odeur d'urine et de désinfectant. Dans un coin, les restes des repas que sa famille lui a apportés. Le vieux Zabuloni est dans son lit. Il grommelle quelques mots de bienvenue. Les brumes de la maladie semblent le rattraper à chaque détour de phrase. Il est traité pour une histoire de douleur dans la poitrine, m'explique son fils.

À quelques chambres de la sienne, dans le même hôpital, des femmes sont soignées après avoir été victimes de violences sexuelles. Leurs agresseurs étaient parfois des combattants, ou d'ex-combattants. Peut-être ceux que Zabuloni avait sous ses ordres. Si elles sont venues se faire soigner ici, c'est parce que l'hôpital de Panzi est celui où officie quelqu'un qui pourra les aider : Denis Mukwege. Depuis 1999, année où il a fondé l'établissement avec des fonds de l'Église pentecôtiste et d'agences de développement internationales, ce gynécologue prend en charge des femmes et filles victimes de violences sexuelles. Il est l'un des plus grands spécialistes au monde du traitement chirurgical des fistules. Ces perforations de la membrane située entre le vagin et la vessie ou le rectum sont causées par des accouchements compliqués, mais aussi par certains types de violences sexuelles.

Denis Mukwege est l'un des seuls médecins à raconter de manière aussi précise l'horreur traversée par ses patientes, parfois encore enfants. Au *Monde*, en 2012, il expliquait : « J'ai vu des vagins dans lesquels on avait enfoncé des morceaux d'arbre, de verre, d'acier. Des vagins qu'on avait lacérés à coups de lame de rasoir, de couteau ou de baïonnette. Des vagins dans lesquels on avait coulé du caoutchouc brûlant ou de la soude caustique. Des vagins remplis de fuel auxquels on avait mis le feu… » Il estime à 40 000 le nombre de femmes violées soignées par son établissement en treize ans, de 1999 à 2012.

*

Cette réalité terrible a longtemps été ignorée, tant il était considéré comme honteux pour les victimes de viol de témoigner publiquement. Mukwege est progressivement parvenu à la faire connaître. Pour cela, il a pu compter sur quelques alliés : journalistes, humanitaires et diplomates.

En juin 2005, une dépêche de l'agence Associated Press citait pour la première fois le gynécologue. Dix ans plus tard, Mukwege a eu son portrait dans le *New York Times*, le *Guardian* et *Le Monde*. Deux documentaires et un livre lui ont été consacrés, il a reçu le prix Sakharov de l'Union européenne, été nominé pour le prix Nobel de la paix. L'université de Harvard lui a remis un doctorat *honoris causa*, l'État français l'a fait officier de la Légion d'honneur.

En dix ans, diplomates et législateurs se sont emparés de la question. Le parlement congolais a adopté en 2006 une loi sur les violences sexuelles, qui punit leurs auteurs de cinq à vingt ans de prison. Le Conseil de sécurité des Nations unies a adopté une résolution affirmant que les violences sexuelles peuvent constituer un crime de guerre, un crime contre l'humanité ou un élément constitutif du crime de génocide. L'envoyée spéciale de l'ONU pour les violences faites aux femmes et aux enfants dans les conflits Margot Wallström a qualifié la RDC de « capitale mondiale du viol ».

Militants locaux, organisations internationales, journalistes et politiques ont donc réussi à mettre les violences sexuelles « à l'agenda ». De fait, les chiffres concernant le Congo sont sidérants et la réalité qu'ils recouvrent, épouvantable. Denis Mukwege est une figure inespérée de Juste dans une guerre sans héros. Mais cette focalisation médiatique a ses revers.

*

Aéroport de Kavumu (25 kilomètres de Bukavu, Sud-Kivu)

Des casques bleus vont et viennent autour de la salle d'attente. Quelques Uruguayens déambulent en treillis, tasse de maté à la main. Un Paraguayen avec un t-shirt « *Mzungu* »

(« Blanc », en swahili) s'assied sur l'un des sièges en plastique. Je repère également quelques écussons égyptiens et pakistanais. Certains sont chargés de la garde de l'aéroport, d'autres s'apprêtent à voyager. Parmi les quelques voyageurs civils, une Congolaise encombrée d'un écran plat Samsung dans son emballage en carton et un jeune Européen à l'allure discrète, concentré sur son téléphone.

Il finit par décoller son nez de l'appareil. Nous engageons la conversation. Il travaille pour le bureau des Nations unies aux droits de l'homme. Ses dernières enquêtes l'ont mené au Nord-Kivu, dans les zones où opérait le M23. Il ne m'en dit pas plus. Drôle de travail, et drôle de rapport à la parole publique que celui de ces petites mains des Nations unies. Il n'est pas rare que ces enquêteurs, pourtant très qualifiés, voient leurs travaux enterrés, dépassés par les enjeux politiques et diplomatiques qui agitent l'organisation internationale :

– Parfois, nos rapports ne sortent pas. Pour des raisons politiques. Alors, certains deviennent des experts en « oublis » de documents confidentiels. J'ai connu quelqu'un des Nations unies, comme ça, qui avait de bons contacts au *New York Times*. De temps en temps, il « oubliait » des documents dans des endroits publics. Les choses finissaient par sortir.

Mon camarade de voyage a également eu à enquêter sur des cas de violences sexuelles. Lorsque je l'interroge sur le nombre de cas répertoriés à ce jour, il n'y va pas par quatre chemins :

– Certaines ONG gonflent les chiffres de victimes.

– Vous les corrigez ?

– On ne va pas faire de grands communiqués pour dire que c'est faux ou exagéré : ce n'est pas notre rôle. En revanche, nous en touchons deux mots à leurs responsables, oui.

*

Des chiffres « gonflés » ? Je profite d'une semaine de repos à Kinshasa pour tenter de comprendre. Un rapport, intitulé « Fonds de commerce », m'éclaire sur ce que voulait dire le jeune enquêteur des Nations unies. Rédigé par deux chercheuses – Dorothea Hilhorst et Nynke Douma – pour le compte de l'université de Wageningen aux Pays-Bas, il détaille les « effets pervers » des programmes de lutte contre les violences sexuelles au Congo.

Dans leur chapitre consacré aux chiffres des viols, les auteurs relèvent effectivement que certaines victimes sont comptées plusieurs fois. Comment est-ce possible ? Les statistiques sont établies à partir de listes fournies par les ONG. Ces listes sont compilées, mais jamais expurgées d'éventuels doublons. Pour une raison simple : la plupart des ONG ne veulent pas révéler les noms des victimes auxquelles elles viennent en aide. « Nombre d'organisations sont réticentes à partager leurs données, pour des raisons de compétition entre organisations. [...] Elles ne souhaitent pas fournir les noms des victimes [qu'elles prennent en charge], de peur que d'autres organisations ne les approchent pour qu'elles deviennent également leurs bénéficiaires. En conséquence, il n'est pas possible de filtrer les noms qui apparaissent sur plusieurs listes », écrivent les chercheuses. C'est le cas lorsque plusieurs acteurs humanitaires interviennent dans la même zone géographique. Or la situation est devenue de plus en plus commune : pour la seule province du Sud-Kivu, les deux chercheuses estiment que le nombre d'organisations – locales et internationales – qui se consacrent à la prise en charge de victimes de violences sexuelles est passé, en dix ans, de moins de dix à environ trois cents.

Les chiffres sont parfois exagérés intentionnellement. La compétition entre organisations pour bénéficier de fonds promis par les bailleurs internationaux pousse parfois certaines d'entre elles, peu scrupuleuses, à gonfler artificiellement leurs listes de victimes. « C'est devenu un concours : celui avec les plus gros chiffres recevra les plus gros financements », assure un employé d'ONG congolaise interrogé dans le rapport.

Les financements sont bien là : de 2010 à 2012, plus de 76 millions d'euros ont été engagés par les principaux bailleurs de fonds dans la lutte contre les violences sexuelles à l'est de la RDC, ont calculé Douma et Hilhorst. L'importance des campagnes de plaidoyer est telle que « certaines femmes vulnérables, vivant dans des conditions de pauvreté extrême, ont le sentiment que la seule manière de bénéficier de l'aide est de déclarer qu'elles ont été violées », expliquent-elles encore.

Comment dire tout cela sans donner le sentiment de minimiser les violences sexuelles ? Comment l'écrire sans donner du grain à moudre à ceux qui ont intérêt à ce qu'elles restent invisibles ? Qu'importe si les chiffres sont exagérés, pourrait-on se dire, s'ils parviennent à mobiliser l'opinion et les décideurs internationaux autour d'un problème si grave et si longtemps ignoré. Mais, à terme, ces exagérations risquent de décrédibiliser les témoignages de femmes effectivement victimes de violences. Que se passera-t-il lorsque des mis en cause parviendront à prouver, dans les médias ou devant la justice, que certains témoignages sont faux ? Comment parviendra-t-on à prouver, alors, que le viol est un problème bien réel ?

Pointer les exagérations sans dissoudre la réalité : la tâche est ardue. Quelques jeunes journalistes s'y emploient. Dans un numéro de la revue *XXI*, paru à l'été 2015, Marion Quillard signe un article sur le « business du viol » au

Congo : « Que celles qui ont été violées lèvent la main ». Elle y retrace les étapes du développement d'une industrie humanitaire qui bénéficie rarement aux victimes. Mais les journalistes qui prennent le temps de questionner ce récit d'un Congo « capitale mondiale du viol » restent l'exception.

*

Denis Mukwege le répète à longueur d'entretiens : au Congo, le viol est une « arme de guerre », voire une « arme de destruction massive ». « Les viols sont planifiés, organisés, mis en scène. Ils correspondent à une stratégie visant à traumatiser les familles et détruire les communautés, provoquer l'exode des populations vers les villes et permettre à d'autres de s'approprier les ressources naturelles du pays. C'est une arme de guerre. Formidablement efficace », explique-t-il ainsi au *Monde* en 2013. Pourtant, au sein de la communauté scientifique, ce discours interpelle. Régulièrement, des sociologues et des anthropologues avertissent : décrire les viols comme une « arme de guerre » ne permet pas de rendre compte de la réalité des violences sexuelles à l'Est.

D'abord parce que ces viols sont aussi commis par des civils. En 2008, une anthropologue française, Véronique Moufflet, écrit dans *Afrique contemporaine* que « la part des victimes de violences sexuelles ne répondant pas aux critères du "viol de guerre" semble importante dans l'est du Congo ». Et d'ajouter : « Une proportion considérable des femmes violées dans les agglomérations urbaines le sont par des enfants des rues, des voisins, des passants, sans même parler de la famille ou des professeurs… Elles le sont quand elles vont chercher le bois et l'eau, avant ou après le coucher du soleil, ou même chez elles, quand elles ne sont pas assez fortunées pour s'offrir une porte qui se ferme. »

Même pour évoquer spécifiquement les viols commis par les militaires, l'expression « viol comme arme de guerre » pose problème. En 2010, l'agence de coopération suédoise demande à deux chercheuses, Maria Eriksson Baaz et Maria Stern, un rapport sur le sujet. Pour comprendre ce phénomène, elles mènent 226 entretiens avec des soldats et officiers des FARDC. Elles en concluent que le lien avec la guerre n'est pas automatique : « Réduire les violences sexuelles en RDC à une "arme de guerre" (ce qui permet de ne donner aucune explication supplémentaire), c'est ignorer le fait que les violences sexuelles perpétrées par des hommes en armes ont été courantes même là où le niveau de conflit était faible. »

En 2011, dans la revue *Peace Review*, la sociologue Jane Freedman abonde : « La violence sexuelle ne doit pas simplement être interprétée comme un "effet collatéral" de ce conflit, qui disparaîtra lorsque la paix sera de retour. » Dans les provinces congolaises où le conflit a cessé, relève la sociologue, les niveaux des violences sexuelles et des violences de genre restent élevés.

Si on ne peut les réduire à un « effet » du conflit, de quoi ces viols sont-ils l'expression ? Toutes ces chercheuses s'accordent à dire qu'il est « complexe » de fournir des explications à cette violence. Maria Eriksson Baaz et Maria Stern tentent toutefois d'avancer quelques pistes. Ces viols seraient liés à la nature souvent conflictuelle des relations civilo-militaires en RDC, aux processus ratés d'intégration au sein de l'armée congolaise, mais également à des problèmes qui ne sont pas spécifiques au Congo : les représentations de la masculinité chez les militaires (et notamment à l'idée que même au front, « l'homme doit assouvir ses besoins ») ou encore au besoin (supposé) de réaffirmer son pouvoir et son autorité.

Mais les violences sexuelles commises à l'Est sont également liées, plus largement, à des inégalités et des stéréotypes de genre présents dans la société congolaise, y compris en temps de paix, souligne Jane Freedman. Ces inégalités prennent des formes variées au quotidien : difficultés d'accès des femmes congolaises à la propriété foncière, inégal accès à l'éducation (41,1 % des femmes congolaises sont analphabètes, contre 14,2 % des hommes), à la représentation politique (l'Assemblée congolaise compte 9 % de députées et le Sénat 5 % de sénatrices) ou encore inégalités économiques (61,15 % des ménages dirigés par des femmes vivent sous le seuil de pauvreté, contre 54,32 % des ménages dirigés par des hommes).

La rhétorique du viol comme « arme de guerre », en laissant penser que ces violences relèvent uniquement d'une forme de stratégie militaire, passe sous silence ces inégalités. En laissant penser que ces violences cesseront une fois la paix revenue, elles dispensent d'analyser les dysfonctionnements des institutions militaires, judiciaires et pénales qui permettent aux auteurs de viols de ne pas être sanctionnés.

Elle occulte, enfin, des problèmes de santé publique capitaux. Un exemple ? Dans les allées de l'hôpital de Panzi, où officie Mukwege, les caméras occidentales ont vu dans chaque Congolaise hospitalisée une femme violée en puissance. Si elles étaient allées demander aux patientes ce qui les avait amenées là, elles auraient pourtant découvert un autre sujet de préoccupation pour les femmes de l'Est : le suivi des grossesses et des accouchements au sein du système de santé congolais. En 2011, selon les chiffres de l'hôpital, sur les 350 cas de fistule opérés à Panzi, un seul était la conséquence avérée d'un viol. L'autre établissement spécialisé en gynécologie, l'hôpital de la fondation Heal Africa, rapportait que moins de 3 % des opérations de fistules effectuées par ses médecins avaient un lien avec des violences sexuelles. Les autres ? La conséquence d'accouchements compliqués, lors desquels un travail prolongé provoque une compression des tissus du bassin de la mère par la tête du bébé.

L'accès à des soins obstétriques d'urgence est un problème de santé publique capital, mais largement occulté en RDC par la question des violences sexuelles. Alors, les Congolais s'adaptent. Dans le rapport de Dorothea Hilhorst et Nynke Douma, un inspecteur de la santé exerçant lui-même comme chirurgien reconnaît qu'il utilise des fonds alloués à la prise en charge des violences sexuelles pour opérer des fistules liées à la grossesse : « Que puis-je faire ? Cela me fait mal de voir ces femmes souffrir, pour certaines depuis plus de vingt ans. Je devrais les renvoyer parce qu'elles n'ont pas été violées ? »

Les hommes ordinaires

Il y a ce que j'ai lu dans la presse, depuis la France, sur ces guerres de l'Est du Congo : des histoires de tueries et de chefs de guerre cupides. Et il y a ce que j'ai vu et entendu quand je me suis rendue pour la première fois là-bas, et que j'ai rencontré les hommes de la liste de Kasenga : des histoires de défense et de résistance. Il y a ce que j'ai imaginé des auteurs de ces violences, et les gens ordinaires qu'ils se sont révélés être lorsque je les ai rencontrés.

*

Il y a par exemple ce chef mayi mayi qui fut un proche de Mzee Zabuloni, Baudouin Nakabaka, et ce que j'ai lu sur lui : un rapport onusien, qui le soupçonne d'être impliqué dans le massacre en 2004 de 152 réfugiés dans le camp de Gatumba – en majorité des Banyamulenge, ces Congolais d'origine rwandaise accusés par les Mayi Mayi d'être les alliés du RCD et du pouvoir rwandais.

Et il y a cet homme, dans son bureau de l'état-major des Forces armées de la RDC – il est, depuis, devenu colonel dans l'armée régulière –, au regard attentif derrière ses petites lunettes, qui mandate obligeamment son secrétaire particulier pour m'aider dans mes recherches et me photocopier les rapports dans lesquels il relate les missions de « pacification » qu'il est allé mener sur les Hauts Plateaux.

Il y a ce témoignage d'un enfant échappé des rangs de l'APCLS du général Janvier, publié par Human Rights Watch : « Il y a des enfants de mon âge ou plus jeunes à chaque poste de l'APCLS. Les enfants qui refusent de devenir soldats sont tués. »

Et il y a ce séjour au quartier général du mouvement : ce colonel détaillant avec fierté les cours de « discipline » et de « droits de l'homme » qu'il donne à ses nouvelles recrues, fort de ses années passées à l'Académie militaire belge ; cet autre officier racontant, entre deux anecdotes sur les derniers combats, comment dans sa jeunesse il aimait regarder *L'École des fans* de Jacques Martin à la télévision ; les heures passées à arpenter les chemins boueux du Masisi avec le colonel Augustin.

Il y a ce que je sais du groupe armé dirigé par le numéro 8 sur ma liste, Amuri Yakutumba : le kidnapping de huit employés du Comité international de la Croix-Rouge

(CICR), en avril 2010 ; l'assassinat, qu'on leur attribue, de sept travailleurs humanitaires en territoire de Fizi, en 2011 – des employés congolais, qui auraient été « triés » sur base ethnique avant d'être exécutés.

Et il y a le commandant second des Mayi Mayi Yakutumba, Abwe Mapigano, un homme presque timide qui me reçoit dans son camp de Sebele, sous un auvent de branchages, avec un calendrier et deux Bibles posées sur une table basse ; ou encore ce jeune médecin, officier au sein du groupe, qui me demande si je n'ai pas quelques conseils pour leur « stratégie de communication », car ils ont l'impression que leur combat n'est pas compris.

Il y a cette photo des cadavres de 37 personnes assassinées à Mutarule, en juin 2014, envoyée par un ami congolais. Le massacre est le dernier épisode d'une longue lutte pour le contrôle du pouvoir coutumier dans la plaine de la Ruzizi – luttes rendues explosives par le recours des différentes parties en présence à des groupes armés des environs.

Et il y a Mutarule, le village de la plaine dans lequel je me suis rendue à plusieurs reprises, quelques mois plus tôt : son pharmacien vétérinaire dans sa minuscule boutique en bord de route, son kiosque-publiphone *Chez Kingstone*, ses mangues en abondance, le chef coutumier dans la famille de qui j'ai passé la nuit, et son récit, autour d'un repas partagé à la nuit tombante, des difficiles conditions de vie des habitants des environs. Je sais bien, pourtant, que l'homme que j'ai face à moi a des liens avec les Mayi Mayi Bedy, l'un des groupes armés qui rendent cette vie plus difficile encore, taxant, volant et menaçant les civils. Ce soir-là, sa compagnie est paisible.

Il y a aussi ce que l'on sait des exactions du M23 : les crimes de guerres dont ses combattants sont accusés par diverses ONG, les témoignages qu'elles ont recueillis sur les exécutions arbitraires de civils à grande échelle et les viols par dizaines.

Et il y a Muhima, ce jeune homme rencontré à Bukavu en 2012, qui m'avait aidée dans mes recherches sur les Hauts Plateaux, perdu de vue durant deux ans avant de recevoir cet e-mail de sa part : « Comment vas-tu ? Es-tu encore vivante ? Comment vont tes parents ? Je suis désolé pour le manque de nouvelles. Tu as dû apprendre la création de ce mouvement, M23. J'en fais partie. Je dois rester en Ouganda pour le moment, mais j'espère revenir au Kivu ensuite. »

Il y a ce que me raconte une amie médecin qui travaille à la clinique de Panzi, à Bukavu, spécialisée dans la prise en charge des femmes victimes de violences sexuelles. Des histoires de fillettes et parfois de nourrissons, de viols en public, de lésions irréparables.

Et, dans l'une des chambres de Panzi, il y a Mzee Zabuloni, dont la santé se dégrade. Lorsque je lui rends visite avec Kasenga il me demande, une nouvelle fois, de raconter en Europe que les Mayi Mayi sont des résistants qui ont sacrifié leur vie pour leur pays.

*

La trame, vue depuis l'Europe, était pourtant simple : une histoire de civils livrés à la brutalité de miliciens de toutes sortes. Mais, sitôt au Congo, l'histoire se complique : les chefs insurgés affables, courtois narrent la chronique de leur long combat contre la barbarie.

Un historien américain, Christopher R. Browning, a reconstitué le parcours de membres du 101e bataillon de réserve de la police du Troisième Reich : environ 500 hommes, des quadragénaires, qui ne semblaient pas avoir de sympathie particulière pour les thèses nazies et qui, en seize mois, assassinèrent 38 000 juifs de Pologne et en firent déporter 45 000 autres vers le camp de Treblinka. Browning écrit dans *Des hommes ordinaires*, après sa plongée dans les témoignages de 210 d'entre eux : « Jamais auparavant je n'avais assisté à un face-à-face aussi brutal entre les œuvres monstrueuses de la Shoah et la figure humaine de ses auteurs. »

Les guerres du Congo ne sont pas la Shoah. Le Congo postcolonial n'est pas l'Allemagne nazie et ses institutions disciplinaires. Mais je crois retrouver une part du vertige provoqué par un tel face-à-face. Ce vertige passé, il reste à tenter de faire ce à quoi Browning est parvenu : éclairer les circonstances extraordinaires qui ont fait de gens ordinaires des acteurs du génocide – ou, dans mon cas, des combattants et, parfois, des tueurs.

Combattants-communicants

Goma, Nord-Kivu

Tandis que *Le Figaro*, à quelques milliers de kilomètres de là, disserte sur les « airs de guerre, de cité assiégée » de Goma, la jeunesse de la ville se déhanche jusqu'au bout de la nuit sur les pistes de danse du *Case Départ*. La mutinerie lancée il y a quelques mois par la défection de Bosco « Terminator » Ntaganda a entre-temps accouché d'un groupe armé organisé, le M23, qui menace depuis quelques semaines de s'emparer de Goma. Une partie importante de sa direction provient de celle du CNDP, qui était lui-même héritier du RCD. « Tout ça, c'est du pareil au même : toujours le Rwanda, toujours les Tutsis », pestent des Mayi Mayi de ma connaissance, ressassant leurs souvenirs de lutte contre le RCD.

Nulle trace de panique pourtant au *Case Départ*. Seulement des rires, des regards aguicheurs, des effluves de parfum, de bière et de transpiration, et le R'n'B suave de P-Square. Inconscience ? Plutôt risque calculé : dans le flot des entrées et sorties de la boîte de nuit, je repère un homme en polo qui s'éclipse régulièrement à bonne distance des baffles pour passer quelques coups de fil. À son retour, il rassure ses compagnons de soirée : le M23 n'avance pas. L'homme travaille pour la Garde présidentielle. Parmi les véhicules stationnés à la sortie de l'établissement, certains ont fait le plein de carburant – des rumeurs assurent que la ville tombera d'ici peu, mieux vaut être prêt à la fuite. Risque calculé, encore.

S'ils avaient eu un bon accès au Net, les jeunes fêtards de Goma auraient pu se tenir au courant de l'avancée du M23 grâce aux informations délivrées par l'envoyée spéciale au Nord-Kivu du quotidien allemand *Die Tageszeitung*. Depuis la prise de Bunagana – bourgade située à la frontière avec l'Ouganda – par le M23, la journaliste Simone Schlindwein distille des informations sur Twitter : pillages commis par l'armée congolaise dans sa fuite, témoignages de recrutement d'enfants-soldats par le M23, tirs annonçant la prise de nouvelles localités ou encore récits de soldats congolais « n'ayant pas mangé depuis quatre jours ».

Curieuse de la démarche, j'écris à Simone Schlindwein. Pourquoi « tweeter » les combats ? Elle me répond quelques heures plus tard.

– Comme beaucoup d'autres reporters, j'ai d'abord passé du temps à Bunagana [l'une des bases du M23, à la frontière avec l'Ouganda] à écouter leur propagande. J'ai pensé qu'il fallait aller au-delà. Je suis allée côté congolais avec deux collègues. Nous étions vraiment parmi les seuls car les autres n'avaient pas leur visa ni leur accréditation pour la RDC.

C'est ensuite un mélange d'impératif logistique et de volonté d'attirer l'attention d'autres journalistes, qui l'a poussée à utiliser Twitter :

– À un moment, le porte-parole du M23 m'a appelée et m'a dit que nous n'avions pas l'autorisation d'aller plus loin car nous pourrions « voir des choses que nous n'étions pas censés voir ». C'est le moment où j'ai commencé à tweeter avec mon téléphone portable, car j'ai pensé qu'on pourrait me prendre mon carnet de notes, mon appareil photo et mon enregistreur. Or on voyait et on nous relatait des cas de recrutement d'enfants et de pillages systématiques, et je voulais que cela se sache. Je voulais que l'on n'entende pas seulement la propagande rebelle relayée depuis Bunagana par mes collègues, je voulais qu'ils réalisent qu'il fallait aller au-delà des apparences sympathiques de la propagande. Il se trouve que beaucoup de ces collègues journalistes sont sur Twitter. Voilà la raison.

Depuis le « côté congolais » du conflit, où je suis depuis six mois, il n'est pas difficile de prendre la mesure des conséquences des affrontements entre M23 et FARDC : les camps de déplacés se remplissent à l'entrée de la ville. Mais, au-delà de Goma, dans les zones contrôlées par le M23, la rébellion a mis en place une communication suffisamment efficace pour faire oublier les aspects peu glorieux du conflit. Simone Schlindwein rapporte une stratégie médiatique particulièrement intense et élaborée : communiqués quotidiens, liste de journalistes qu'ils « apprécient et appellent »... Le M23 s'est même fendu d'un organe de propagande officiel, un site Internet dénommé *Le Soleil du Graben*. Dans sa guerre de l'information, le M23 tire certainement avantage du fait que son porte-parole, Vianney

Kazarama, est un ancien porte-parole de l'armée congolaise, chargé entre 2009 et 2012 de communiquer autour des opérations Amani Leo (opérations conjointes entre l'armée congolaise et la Monusco) au Sud-Kivu.

Le M23 cherche à communiquer au-delà de la région des Grands Lacs. Comment envoie-t-on des communiqués de presse depuis le front ? En 2012, encore peu équipés, il leur arrive d'envoyer des hommes au Rwanda, pour aller dans un cybercafé transmettre le communiqué à leur antenne en France, qui le republie à son tour, m'explique Christophe Rigaud, un journaliste français qui été en contact avec le mouvement. Il poursuit :

– Un de leurs premiers soucis était de trouver des relais dans les médias. Ils m'ont dit : « Nous, on cherche des médias amis, des médias qui défendent notre cause. » Je leur ai dit qu'ils ne tapaient pas à la bonne porte. Leur deuxième préoccupation était de trouver des contacts au Quai d'Orsay, au Département d'État... Dans ces cas-là, quand on n'est pas encore bien organisé, les seuls gens que l'on peut contacter, ce sont les journalistes. Ils m'ont donc demandé : « Est-ce que vous pouvez me mettre en contact avec telle personne au Quai d'Orsay, telle personne au département d'État, telle ONG qu'on sait très influente en termes de diplomatie ? »

*

Uvira, Sud-Kivu

Dans une odeur d'encre, de poussière et de plastique chaud, l'imprimante recrache la feuille A4. Amise la récupère prestement, l'examine, semble satisfait.

– La colombe, ça rend bien non ?

En tête du communiqué qu'il vient de rédiger au nom du MDLC, le symbole de la coalition : une colombe prenant son envol, entourée d'un rameau d'olivier. Le texte est ponctué de « Au regard de », « Vu » et « Considérant ». Amise y demande au gouvernement congolais de stopper ses négociations avec le M23, et signe : « Au nom de la coalition, Joseph Amise Mutambala. »

Le gérant du cybercafé ne lui prête qu'un œil distrait. Il a l'habitude de voir défiler, entre deux étudiants terminant leur mémoire de maîtrise, des rédacteurs de communiqués plus ou moins pacifiques. Il connaît Amise : la fois passée, il l'a aidé à insérer un tableau dans son document Word. Dans les cases, consciencieusement, le jeune président du MDLC a ensuite inscrit : « N° », « Nom », « Résidence », et une série de patronymes et de localités. Puis, il a ajouté le titre du communiqué, « Mise en place de l'état-major général du MDLC, mouvement politico-militaire basé à Bukavu », et l'a envoyé à la Monusco et à des autorités locales.

Des communiqués, le MDLC en produit beaucoup. Peut-être davantage que d'opérations militaires. Le mouvement n'est pas une exception : les groupes armés de l'Est, en particulier ceux créés à la fin des années 2000, aiment mettre en mots leurs combats, dénoncer, appeler à l'aide, à l'insurrection ou à l'apaisement, propager des rumeurs, et émettre des revendications compilées dans de solennels « cahiers des charges ».

Parmi les pionniers : les Mayi Mayi Padiri. Pendant six ans, de 2002 à 2008, ce groupe – créé lors de la première guerre du Congo et allié aux hommes de Mzee Zabuloni – a régulièrement alimenté un site Internet. Les moyens du groupe étaient pourtant limités. Un article, titré « Appel à votre solidarité », publié en juillet 2002, donne un aperçu des besoins de ces combattants : expliquant qu'ils « éprouv[ent] beaucoup de difficultés dans la communication », les Mayi Mayi sollicitent l'aide de « tous ceux qui désirent [leur] apporter leur assistance » pour acquérir « du matériel tel que des ordinateurs avec imprimante, scanner, photocopieuse, caméra, appareil photo », « un fonds pour la production d'un journal d'information à Kinshasa » et « un fonds pour abonnement sur Internet ».

Sur leur site aujourd'hui disparu, les combattants des Mayi Mayi Padiri (du nom de leur chef, le général Padiri Bulenda) publient également des photos de cartes d'identité présentées comme des « preuves de la présence de l'armée rwandaise en RDC », réagissent à des déclarations du gouvernement belge, prennent position à l'occasion de la tenue du Dialogue intercongolais, diffusent un « message de soutien au peuple palestinien » signé par le général Padiri en personne, et rectifient leur image, comme lorsqu'ils adressent, en 2002, une « lettre ouverte au rédacteur en chef du journal britannique *The Guardian* concernant l'accusation fantaisiste contre les Mayi Mayi de trafic d'uranium ».

Je rends son communiqué à Amise, et lui demande s'il peut me montrer d'autres tracts rédigés par son mouvement ou par des groupes alliés. La plupart d'entre eux sont dans un carton, chez Mahuno l'enseignant. Ce dernier n'habite pas loin. Nous faisons à pied les quelques mètres qui séparent le cybercafé de chez lui. Mahuno vient de rentrer de l'école où il donne cours. Il est heureux d'exhumer ces trésors de rhétorique militante et militaire :

– Ça, c'est une déclaration d'Amuri Yakutumba, le chef des Mayi Mayi Yakutumba… Janvier 2007, la toute première !

Sur d'autres tracts froissés, je repère la signature de Martin, le porte-parole emprisonné. Il y a aussi là une « feuille de route » signée du général Zabuloni et un « Syllabus de sociologie du développement, par le Professeur Malabi ». Des notes de cours sont mélangées à ses documents militaires. Mahuno se saisit d'un autre communiqué, cette fois rédigé par lui au nom d'un petit groupe dont il est porte-parole et conseiller politique. Il en relit un passage à voix haute, gonflé d'emphase, puis part dans un grand éclat de rire, comme surpris de sa propre audace de teneur de plume des groupes mayi mayi.

– Mahuno, comment tu es devenu porte-parole ?

– Un jeune avec qui j'ai grandi au village est venu me voir un jour. Il était envoyé par le chef d'un groupe d'autodéfense local. Il m'a dit : « Notre chef cherche des intellectuels avec qui travailler, mais il ne trouve pas, parce que beaucoup ont peur. » Je connais ce groupe depuis longtemps. J'ai répondu : « Dis-lui que je n'ai pas de problème. S'il veut qu'on travaille ensemble, on va travailler. »

– Travailler à quoi ?

– À faire des déclarations. Les gens disent que ces combattants sont des voleurs qui campent dans les Moyens Plateaux. Je ne suis pas d'accord. J'ai dit à leur chef : « Il faut qu'on fasse un mouvement politico-militaire, qu'on fasse des déclarations, et qu'on amène ça à la radio pour qu'on ne nous taxe pas de groupe de voleurs. » Il fallait aussi informer le gouvernement de nos objectifs. J'ai aussi dit au chef : « Je te propose un communiqué de presse. Mais un communiqué de presse qui ne va pas passer à la presse : que nous devons envoyer à la Monusco et à Kinshasa, pour que le gouvernement sache ce que tu cherches. » C'est comme ça que j'ai écrit mon premier communiqué.

Les mots piégés

Un jour de pluie, je renonce à affronter la boue collante des rues de Bukavu et reste terrée dans un café. Là, je fais défiler, sur l'écran de mon ordinateur portable, des dizaines de « rapports » sur les conflits en RDC. « L'est du Congo : pourquoi la stabilisation a échoué », « RDC : Les victimes de crimes sexuels obtiennent rarement justice », « Des interventions de l'ONU au Congo », « RDC : rapport national sur le développement humain »... Ils sont rédigés par des organisations gouvernementales, des ONG ou des « experts »

indépendants. Il s'en publie presque chaque jour. La pluie continue de s'écraser sur la tôle, les pages défilent, avec leur lot de termes techniques et d'expressions jargonneuses. Chaque nouveau rapport donne l'impression de scruter une même situation, mais avec une paire de lunettes différente : « crise sanitaire » et organisation en « *clusters* » pour les humanitaires, situation d'« État failli » et de « mauvaise gouvernance » pour les diplomates, classement qui en « CANI » (conflit armé non international) de « haute intensité », qui en CAI (« conflit armé international ») chez les spécialistes du droit international humanitaire.

*

Ces mots sont forgés, promus, utilisés par les combattants eux-mêmes, mais aussi les diplomates, les politiques, les médecins, les experts en questions militaires ou électorales, les journalistes, les ingénieurs en développement, les défenseurs des droits humains, les juristes. Mis bout à bout, ils constituent des langues dont la maîtrise peut ouvrir les portes de certaines institutions ou les colonnes des rubriques « International » de la presse. Les mots pour décrire la guerre sont autant d'outils pour plonger dans le grand bain empirique, et y sélectionner des bouts de réel à rapporter.

J'ai appris, mois après mois, qu'il fallait savoir se défaire de certains. Dans sa besace lexicale, choisir avec soin celui qui semble juste. Se défaire de ceux, inappropriés, trop vagues, alourdis de présupposés, de suggestions encombrantes, ou qui brillent par leurs atours savants mais obscurcissent plus qu'ils n'éclairent.

« Rebelle ». L'un des premiers mots dont j'ai appris à me méfier. « Rebelle » sonne bien pourtant, donne envie d'imaginer des colonnes d'insoumis, des drapeaux au vent, des poitrails bombés, des envies de révolution. Oui, il y a des « rebelles » à l'Est, autrement dit des combattants qui refusent l'autorité du gouvernement central et veulent le faire tomber, comme le M23. Les exactions dont ils se rendent coupables, comme tous les groupes armés de l'Est, n'en font d'ailleurs pas des héros romantiques. Mais ce n'est pas le seul cas de figure. La galaxie des groupes d'« autodéfense locale » et la plupart des Mayi Mayi ne combattent pas pour changer de régime : tout au plus réclament-ils de meilleures places au sein des institutions militaires et parlementaires. Il se trouve pourtant des humanitaires et des journalistes pour continuer à parler, génériquement, des combattants de l'Est comme de « rebelles ».

Quid de « milicien » ? En apparence, l'opposé sémantique de rebelle. Souvent utilisé pour désigner tout porteur d'arme – pourvu, croit-on lire entre les lignes de ceux qui l'utilisent, qu'il ait l'air peu commode. Dans son sens originel, pourtant, la milice désigne une troupe supplétive de l'État, levée par appel ou par enrôlement ; une configuration précise loin de correspondre à la situation de tous les combattants de l'Est congolais. Je me promets de m'en défaire également.

Restent « civils » et « combattants ». Ceux-là semblent ne rien avoir à se reprocher. Factuels, départis de présupposés. Simplement ceux qui combattent, et ceux qui ne combattent pas. Ceux qui figurent sur la liste de Kasenga, et les autres. Et pourtant. Il faut se méfier des distinctions un peu trop fermes. Même celles qui sonnent avec la force de l'évidence. Même celles qui sont assénées dans des tribunes du *Monde*. La distinction entre civils et combattants est ainsi reprise par Valérie Trierweiler, Jacques Chirac, Erik Orsenna et les autres signataires de l'appel paru en 2012 dans le quotidien à propos des guerres du Kivu : ils opposent combattants « mercenaires » et « pillards », d'une part, et « populations martyrisées » par ces derniers, d'autre part.

Mais qui sont les « civils » quand les populations, fatiguées d'être rackettées de toutes parts, s'organisent en mouvements d'autodéfense ? S'agit-il toujours d'autodéfense quand ils arguent qu'ils doivent « exterminer les Rwandais qui volent leurs terres » ? Où sont le « régulier » et l'« irrégulier » quand, pour le paysan du Sud-Kivu, la protection vient bien plus du groupe d'autodéfense local que des officiers FARDC déployés près du village ? Où est l'État et où est le « rebelle » quand les FARDC exploitent des filons miniers ? Quand les Mayi Mayi sont alimentés en armes par le président de la République en personne ? Quand un casque bleu indien qualifie de « noble cause » l'insurrection menée par le CNDP de Laurent Nkunda ? Quand une administration parallèle soutenue par le Rwanda contrôle une portion de territoire (le RCD au début des années 2000) ? Où est le civil et où est le combattant quand un militaire des FARDC est commandant de la petite milice du village lors de ses congés ? Quand les jeunes des campagnes font des descentes la nuit pour aller s'attaquer aux Rwandais des FDLR, qui eux-mêmes sortent régulièrement de leurs camps pour travailler comme creuseurs ou agriculteurs ?

Après les noms, vient le temps du grand ménage dans les adjectifs. Conflit « ethnique » ? L'explication est tentante. Des Mayi Mayi qui se déclarent en lutte contre les « rwandophones », des Tutsis qui se disent menacés de génocide : ne sont-ce pas là des avatars modernes de « haines tribales ancestrales » supposées caractériser le continent africain ? Pourtant, non : il n'y a pas de « conflit ethnique » au Congo. Le sentiment d'appartenance ethnique n'a jamais, à lui seul, conduit des hommes et des femmes à s'affronter. Dans l'histoire des guerres de l'Est, des Hutus ont combattu aux côtés de Tutsis, des « frères » se sont entre-déchirés. Il y a seulement des conflits politiques – car portant sur la gestion et le partage du pouvoir – recouvrant temporairement, souvent grâce ou à cause de la mobilisation d'entrepreneurs politico-militaires, des lignes de partage ethniques.

Sur le marché des adjectifs, il y a également ceux qui aident à dire l'émotion et la colère, mais qui n'expliquent rien. Les humanitaires et les journalistes sont parfois tentés de qualifier certaines attaques de violences « aveugles » ou « irrationnelles » contre les civils. Elles ne sont pourtant jamais totalement indiscriminées. Elles s'expliquent en partie par les liens étroits entre les membres des groupes armés et leur groupe villageois ou familial d'origine. Dans un Kivu où les groupes d'autodéfense recrutent très localement, parmi les jeunes de villages spécifiques, ces attaques ciblent des localités considérées comme le terreau d'un groupe armé adverse. Dans l'esprit de ceux qui les commettent, elles ne visent pas d'innocents villageois victimes collatérales du conflit, mais plutôt des personnes qui sont vues avant tout comme les parents, conjoints et enfants de combattants ennemis.

*

Coquetterie ? Pinaillage ? Si ces mots n'étaient que des maladresses sans conséquence, peut-être. Mais voilà : ils ont des effets. « Décrire, c'est prescrire », comme le savent tous les bons sociologues, et décrire le conflit congolais, c'est commencer à dire comment on estime qu'il faudrait le résoudre. Lorsque Orsenna, Chirac et Trierweiler écrivent de concert : « Attirées par ces richesses faciles, des bandes de mercenaires et de pillards de toutes sortes écument le territoire depuis des décennies et martyrisent les populations », ils prescrivent.

Leurs « mercenaires » accréditent l'idée d'un conflit importé, laissant penser que l'une des solutions aux guerres de l'Est consisterait à renvoyer chacun chez soi. Mais comment penser à des mercenaires en voyant les groupes armés recruter à tour de bras parmi la jeunesse des campagnes congolaises ? Quant aux combattants étrangers qui ont effectivement pris part à ces combats (ceux du CNDP et du M23, par exemple), ils l'ont fait en invoquant la défense d'une minorité congolaise rwandophone, qui existe bel et bien. Ne voir dans ces groupes que le bras armé des ambitions rwandaises ou ougandaises dans la région, sans se demander si leur longue présence à l'Est ne s'explique pas (au moins en partie) par des soutiens au sein de la population congolaise, reviendrait à s'aveugler sur les vrais ressorts du conflit.

Surtout, opposer des « mercenaires » et des « pillards » aux « populations », c'est oublier que la quasi-totalité des groupes armés de l'Est s'est d'abord créée en tant que mouvements d'« autodéfense » et que beaucoup d'entre eux continuent aujourd'hui d'assurer un rôle ambigu, entre racket, exactions et protection effective de certains villages délaissés par les forces de l'ordre. Quant aux jeunes hommes qui tentent de sortir de la voie des armes, ils ne deviennent pas dans l'instant des héros pacifistes. Ils le font par leurs moyens à eux : parfois tortueux, oscillant entre chômage, guerre et humanitaire, entre rêves de grandes études et petits trafics.

VI

S'en sortir

Messages

J'en reçois de jour comme de nuit, parfois des dizaines en quelques heures, lorsque les opérateurs téléphoniques ou les tenanciers de cyber-cafés lancent des opérations promotionnelles. Ils sont cryptiques, étonnants, allusifs ou émouvants. Mis bout à bout, ils dressent la chronique des préoccupations de mes connaissances et amis de l'Est, combattants, étudiants ou employés d'ONG.

*

De : amise_******@gmail.com

« Bonjour Justine. Le MDLC se porte bien. Trois de nos officiers sont devenus colonels dans l'armée congolaise. Un autre peut-être bientôt. »

De : amise_******@gmail.com

« Je suis rentré de Minembwe ce mercredi 24, j'étais allé voir un de nos groupes. Ils vont bien, mais nous avons décidé ensemble de ne pas intégrer l'armée congolaise tant que le gouvernement ne nous donne pas ce que nous réclamons, à savoir :

– 1. Que le gouvernement adopte tous les grades proposés par le MDLC ;

– 2. Que le centre de regroupement des troupes en attendant leur intégration soit à Milimba ;

– 3. Que le gouvernement rembourse les 6 000 dollars qu'ils ont pris le 12-05-2012 à Bukavu lors de l'intégration d'un de nos colonels (de l'argent qu'il avait avec lui mais que l'armée congolaise lui a ravi) ;

– 4. Que le gouvernement encadre la classe politique du mouvement.

Je t'informe aussi qu'il y a aujourd'hui 250 militaires qui ont rejoint le MDLC, qui venaient d'autres groupes armés du territoire de Mwenga. »

De : Amise (par SMS).

« Je suis dans les Haut Plateaux du territoire de Fizi. J'aimerais t'informer que le commandant K. a été tué par un groupe non encore identifié. Je suis là pour enquêter. »

*

De : Kihangi (Rayia Mutomboki de Kalehe)

« Bonjour ! Ici, Fikiri a lancé un coup de cartouche à Jules, les Rayia Mutomboki l'ont fouetté, il est à l'hôpital de Bunyakiri. Sa vie est critique pour le moment. Voilà un peu les dernières informations. »

De : Kihangi (Rayia Mutomboki de Kalehe)

« Comment je peux voir Julien Paluku, le gouverneur de Goma ? Je veux lui livrer un combattant des Rayia Mutomboki qui l'a braqué alors qu'il allait à Walikale en passant par la route numéro 3. »

De : Numéro inconnu

« Je suis le colonel I., du groupe Mayi Mayi. Je suis à Uvira et je souhaite discuter avec vous. Je suis militaire et étudiant, je suis en 2e année de développement communautaire. »

De : Kihangi (Rayia Mutomboki de Kalehe)

« Bonjour Justine, je veux aussi vous informer que j'ai une association. Comment pouvez-vous m'aider ? Merci pour tout, la suite ! »

De : Kihangi (Rayia Mutomboki de Kalehe)

« Bonjour Justine, je voulais vous demander : comment je peux avoir du travail dans les ONG qui sont dans le Sud-Kivu ou dans une autre province à partir de votre connaissance ? Je suis diplômé depuis l'année 2009-2010. Mon père et ma mère ne sont plus en vie, les métiers que j'ai déjà faits sont : motocycliste (motard), gardiennage (gardien), magasinerie (magasinier). Voilà un peu ma biographie. À partir de vous je sais que je peux avoir un bon travail, car ce sont les Blancs qui sont responsables des ONG, et vous êtes l'une d'eux. La suite à vous. Merci. »

De : Justin (ONG A.)

« Est-ce que par hasard vous connaissez quelqu'un dans l'équipe des Nations unies opérant au Sud-Soudan ? C'est Justin, de l'ONG A., je suis à Baraka. Suite svp ? »

De : Kasenga

« Bonsoir ! Étant en Europe, si par hasard vous trouvez des gens qui viennent implanter les ONG ici, vous me le dites. C'est comme ça que beaucoup décrochent du travail ici au Congo. Merci, bonne compréhension. »

De : Kihangi (Rayia Mutomboki de Kalehe)

« Bonsoir ! Je vous informe que j'ai une bouteille d'uranium, et je vous prie de chercher pour moi un Blanc qui puisse l'acheter. Si vous le trouvez, tu peux lui donner mon numéro de téléphone. Mais un Blanc seulement, car ce sont eux seulement qui peuvent acheter ça. Il doit être d'un pays qui a fait des conventions pour le vendre à un autre pays. Bonne recherche ! Merci pour tout. »

De : Numéro inconnu

« Bonjour je suis l'infirmier que vous avez rencontré à Lukweti. Je voudrais la faveur d'un emploi, car là chez nous il y a l'insécurité. Merci. »

De : Kihangi (Rayia Mutomboki de Kalehe)

« Bonjour, nous avons aussi : cocaïne sauvage, et plus d'uranium. Cherchez pour moi qui peut les prendre. Merci encore ! »

De : Kasenga

« Bonjour Justine ! Comment va votre situation ? Juste pour vous rappeler, ma sœur, ne m'oubliez pas, car vous connaissez la situation du Congo. Bonne journée. »

De : Kasenga

« Bonjour Justine ! Juste une salutation. Je vous signale que j'ai déposé ma demande à MSF pour être embauché comme gardien, malheureusement je n'ai pas été sélectionné pour le test écrit. Je le regrette beaucoup. Je vous invite à prier pour moi afin que je trouve du travail, sinon je vais mourir du chômage. Mes salutations à la famille. »

De : Kasenga

« Bonjour Justine ! Je m'excuse pour le dérangement. Est-ce que vous pouvez avoir un Allemand ici à Bukavu pour que vous me mettiez en contact avec lui ? On m'a amené un fer à repasser made in Germany en cuivre, dedans il y a une matière comme du mercure rouge. Il pourrait nous aider à le vendre. Merci. »

La « matière »

Le papier où est inscrite la liste s'est usé à force de fréquenter mes poches et mes sacs à dos. J'ai cessé depuis un moment de courir après les noms qui y sont inscrits : j'ai voulu m'extraire du petit monde des Mayi Mayi du Sud-Kivu pour aller voir d'autres fronts, d'autres lieux, ceux tenus par les Rayia Mutomboki et ceux du Nord-Kivu. Mais, lorsqu'au détour d'un rangement je retombe sur la liste, je repense à son auteur. Lorsque j'ai rencontré Kasenga pour la première fois, il était employé d'une société de gardiennage sous contrat avec la Monusco.

Il travaillait sur son temps libre, en plus de ses études – qui, espérait-il, lui permettraient de ne pas finir au maquis comme son père ou ses frères. Pour être gardien à l'entrée du quartier général de la mission de maintien de la paix, à Bukavu, il était payé 300 dollars (230 euros) par mois, « dont 150 que je reverse à mon employeur », m'expliqua-t-il un jour. Le principe de l'« enveloppe-retour » est le lot commun des rares Kivutiens qui ont la chance de décrocher un emploi salarié : on leur attribue le poste, à condition qu'ils reversent une partie de leur salaire au généreux bienfaiteur qui le leur a octroyé – intermédiaire, sous-traitant ou chargé des ressources humaines au sein de l'entreprise employeuse. Kasenga se levait aux aurores et traversait la ville entière à pied chaque matin pour toucher 150 dollars par mois. Jusqu'au jour où, pour une raison inconnue, l'entreprise a fait faillite. Ses SMS se sont faits plus implorants.

Le commerce de minerais ou un emploi de petite main dans une organisation internationale : voilà à peu près les deux voies possibles pour s'en sortir, pour les jeunes Kivutiens ayant comme lui fait quelques études – ou suffisamment débrouillards et à l'aise en français ou en anglais pour échanger avec des étrangers.

Quelques mois plus tard, il a cru que des jours meilleurs étaient enfin arrivés. On l'a mis en contact avec des interlocuteurs se décrivant comme membres des rebelles rwandais des FDLR. Présents au Congo depuis vingt ans, les FDLR sont connus pour avoir la main sur d'importants gisements d'or. Mais, craignant d'être démasqués par les services de renseignement de leur pays, ils ne peuvent venir en ville facilement pour revendre le fruit de leur exploitation : ils ont besoin d'intermédiaires de confiance. Kasenga s'est proposé. C'était une arnaque. On l'escroqua de plusieurs centaines d'euros, une fortune pour lui. Depuis, Kasenga se lève encore plus tôt, et rate encore plus de cours à l'université pour rembourser ses dettes. Mais il garde dans un coin de tête l'espoir de gagner de l'argent grâce aux richesses du sous-sol. De temps en temps, il me demande :

– Quelles matières du sol intéressent la France ?

Il a l'air déçu lorsque j'évoque ma totale incompétence et, surtout, le fait que je n'ai aucune envie de me lancer dans ce genre de commerce.

– Il y a beaucoup de choses ici, beaucoup. Dis-moi si tu changes d'avis.

Je relis son mystérieux message concernant le « fer à repasser made in Germany ». Qu'est-ce que ce « mercure rouge » qu'il pense avoir trouvé et cherche à revendre ? Je commence à me documenter. Son nom complet : l'antimoniate de mercure. Sur un site d'information helvétique, un article intitulé « L'arnaque du "mercure rouge" passait par la Suisse » attire mon attention. Son auteur s'appuie sur le récit d'un ancien des services secrets français, le général Jean Guyaux, qui soutient que le mercure rouge est une arnaque montée de toutes pièces par les services secrets russes. Ceux-ci auraient lancé une rumeur selon laquelle le mercure rouge était un produit révolutionnaire, permettant de fabriquer relativement simplement des bombes nucléaires. Ils se seraient ensuite fait passer, en toute discrétion, pour des revendeurs du produit miracle afin de pister tous les individus et États souhaitant se doter de l'atome. Kadhafi aurait mordu à l'hameçon. On en a retrouvé, plus tard, dans les caches d'armes d'Oussama Ben Laden. Et donc, si j'en crois Kasenga, sur le territoire congolais.

Quid de l'uranium pour lequel Kihangi cherche revendeur ? Le sous-sol congolais en recèle, c'est un fait. La bombe qui a détruit Hiroshima en 1945 a été conçue grâce à de l'uranium extrait du gisement de Shinkolobwe, dans la province du Katanga. Le site a été exploité industriellement par les Belges jusqu'en 1959, puis condamné. Areva a signé en 2009 avec les autorités congolaises une licence d'exploration afin de relancer la filière.

Mais l'uranium de Kihangi a toutes les chances d'être de peu d'utilité à qui voudrait l'acquérir. D'entreprenants membres de groupes armés ont également tenté de vendre ce type de bouteilles à des membres du groupe d'experts des Nations unies sur la RDC. Les experts commentent, dans l'un de leurs rapports :

« Le Groupe a en sa possession une photographie de cette boîte, qui porte la mention suivante "Uranium fabriqué à Chikolobwe dans la province du Katanga - 18960, n° 238 RX9006-6 Chambres 25". Il a communiqué cette information à Interpol ainsi qu'à l'Agence internationale de l'énergie atomique (AIEA), qui surveille le trafic illicite en provenance de la province du Katanga, où il existe à Shinkolobwe un gisement connu d'uranium. Le Groupe croit savoir que, même si cette boîte contient effectivement de l'uranium, il en faudrait des centaines pour fabriquer ne serait-ce qu'un seul gramme de matière fissile. Le Groupe relève également qu'il n'a jamais été enrichi d'uranium en République démocratique du Congo. »

Du « mercure rouge » inexploitable, de l'uranium non enrichi et conservé des dizaines d'années dans des conditions douteuses... La question des richesses du sous-sol congolais n'est pourtant pas qu'affaire d'arnaques. Les Congolais sont effectivement assis sur des gisements de cassitérite, de coltan, de cuivre, de cobalt, d'or et de diamant. Un chiffre donne une idée de la manne : 6,5 milliards de dollars. C'est ce que des entreprises publiques chinoises se sont engagées à investir en infrastructures au Congo pour obtenir le droit d'exploiter les mines de cuivre et de cobalt du pays. Dans un rapport de mars 2011, l'ONG Global Witness estime que cette exploitation pourrait rapporter de 40 à 120 milliards de dollars aux investisseurs chinois. Les groupes armés, eux, n'ont pas les moyens d'exploiter ces richesses à grande échelle. Mais ils en tirent tout de même des ressources substantielles, en les exploitant artisanalement ou en taxant les creuseurs.

*

L'arrière-plan est tout d'écrans hi-tech et de lumières bleues. Des gens pressés vont et viennent de stand en stand, un badge au cou. En fond sonore, un brouhaha continu. On imagine que de sérieuses affaires sont en train de se conclure. Le journaliste danois finit par trouver le stand du fabricant de téléphones Nokia. Il s'adresse à une employée qui s'y trouve :

– Je m'intéresse aux minerais utilisés dans la fabrication des téléphones. J'ai entendu dire qu'ils provenaient de l'est du Congo et servaient à financer la guerre dans cette région.

La femme en tailleur lui indique une salle plus loin :

– Je vous conseille d'aller voir au service de presse pour trouver quelqu'un pour vous répondre.

La suite est une succession de renvois de service en service, d'appels téléphoniques enregistrés où l'on guette les accents de gêne dans la voix de ses interlocuteurs. Le journaliste et réalisateur qui apparaît à l'écran, Frank Poulsen, invite à se rendre à l'évidence : Nokia n'a pas très envie de répondre à la question de la provenance de ses composants. Il poursuit sa quête. Quelques minutes plus tard, on le voit en train de survoler Goma en hélicoptère. Dans la ville, des patrouilles de casques bleus. La voix off de Poulsen commente :

« On dirait que c'est le bon endroit pour chercher les minerais du conflit. L'ONU a envoyé plus de soldats de la paix dans cette région que n'importe où dans le monde.

Leur mission consiste à protéger les populations contre les violences des groupes armés. Mais les casques bleus s'aventurent rarement hors des grandes villes et des axes principaux. [...] Je veux vérifier la position exacte des mines, et si elles servent réellement à financer des groupes armés. »

Le reporter se rend à Bisie, la plus grande exploitation de cassitérite de Walikale. La caméra s'attarde sur un homme en uniforme, kalachnikov en bandoulière, puis sur des porteurs de sacs très lourds – ils contiennent vraisemblablement de la cassitérite. Ces derniers présentent leur chargement au soldat. La voix off :

« C'est donc ainsi que les groupes armés locaux s'enrichissent avec la mine. Ils laissent les basses besognes à la population, puis prélèvent des taxes à tout le monde. Qu'on veuille entrer ou sortir, il faut payer à chaque passage. » Plan plus large : on voit des abris de bâches et branchages, au milieu d'une terre ocre tirant sur le rouge. « Je suis enfin arrivé, c'est le lieu que je voulais voir. C'est ici que des gens meurent pour nos téléphones portables. »

Le documentaire s'appelle *Du sang dans nos portables*. Son réalisateur, Frank Poulsen, veut y montrer au public occidental que les téléphones portables qu'il utilise financent la guerre en RDC, car certains composants utilisés dans sa fabrication viennent de mines des Kivus, dont l'exploitation enrichit les groupes armés. Le film a eu un large écho, notamment grâce au soutien de l'ONG Global Witness.

Certains dirigeants politiques et industriels ont semblé prendre la mesure du problème. Les États-Unis ont adopté le « Dodd-Frank 1502 », un article de loi obligeant les entreprises cotées en Bourse et se fournissant en RDC à être transparentes sur leurs chaînes d'approvisionnement. Le Conseil des ministres de l'OCDE, l'Organisation de coopération et de développement économiques, a adopté un guide « pour des chaînes d'approvisionnement responsables en minerais provenant des zones de conflit ou à haut risque ».

Mais les conséquences de ces initiatives sont encore incertaines : plutôt que de s'engager dans de compliqués et coûteux processus de certification, certains acheteurs ont préféré cesser de se fournir en RDC. Ceux qui sont restés concentrent leurs commandes vers les plus gros exploitants, les seuls capables de fournir les certificats de traçabilité nécessaires, plongeant dans d'importantes difficultés économiques le secteur de l'orpaillage traditionnel – qui procurerait des revenus à 8 à 10 millions de Congolais, selon les estimations.

*

Et si, finalement, il ne fallait pas chercher plus loin le nerf des guerres des Kivus ? La présence de minerais, et les appétits qu'elle attise, ne serait-elle pas la cause profonde des guerres persistantes dans l'Est ? La question n'est pas soulevée uniquement par le réalisateur danois du documentaire *Du sang dans nos portables*. Sous la plume d'une journaliste de *La Croix*, en novembre 2008, les conflits congolais sont décrits comme une « lutte entre milices avides de piller les immenses richesses minières de la région ». L'avidité, explication à l'existence de mouvements insurrectionnels : c'est la thèse de plusieurs économistes spécialistes des conflits armés. Ancien directeur de recherche à la Banque mondiale, l'économiste Paul Collier est l'un d'eux. Il a procédé, avec une équipe de chercheurs, à l'analyse de données concernant quarante-sept conflits s'étalant sur la période 1965-1999. Dans une étude publiée en 2007 par le United States Institute of Peace, une organisation fédérale américaine, il conclut que les rébellions armées s'expliquent prioritairement par la présence de matières premières exportables.

Un autre économiste, Pierre Jacquemot, écrit dans un article sur les conflits en RDC paru en 2009 dans la revue *Afrique contemporaine* que « les rebelles sont eux aussi des agents économiques rationnels, qui maximisent leur fonction d'utilité après avoir évalué le profit attendu du conflit », et que « la rébellion est donc un processus modélisable car elle est une décision rationnelle et sa viabilité financière est l'élément qui détermine la manière avec laquelle elle sera conduite par ses protagonistes ». Autrement dit : entrer en guerre est un choix réfléchi, et la perspective de s'y faire de l'argent y pèse lourd.

Les combattants de l'Est seraient-ils avant tout des *Homo economicus* ? De nombreuses objections ont été émises à l'égard de ce type d'analyse. L'une d'elles, importante, a été portée par les chercheurs français Roland Marchal et Christine Messiant. Ces deux spécialistes des conflits armés en Afrique subsaharienne alertaient dès 2002, dans *Critique internationale* : il ne faut pas confondre « causes » supposées des conflits et facteurs de perpétuation de ceux-ci. Que des groupes se pérennisent grâce à des revenus liés à l'extraction de gisements présents dans les zones qu'ils contrôlent ne signifie pas nécessairement qu'ils se sont créés dans l'objectif de les exploiter.

Qu'ai-je vu, pour ma part ? Que représentent les minerais dans le quotidien d'Abdou, de Martin, d'Amise, de Fujo, de Mahuno ? Je me souviens des mots d'Amise, un jour où nous discutions, à Uvira :

– Notre chance, c'est que, sur les Hauts Plateaux, il y a vraiment beaucoup de minerais. Les groupes mayi mayi l'exploitent, puis viennent vendre ça ici, à Uvira. Un gramme d'or coûte 50 dollars. Récemment, un homme du groupe de Tawimbi est venu avec quatre grammes. Ça lui a fait 200 dollars. Avec 200 dollars, on peut acheter trois kalachnikovs. Une kalach coûte 70 dollars. Un *machine gun* coûte 150 dollars. Un lance-roquettes 250 dollars. C'est comme ça.

Indéniablement, les groupes que j'ai rencontrés tirent profit de la présence de minerais dans le sous-sol des zones qu'ils occupent. J'ai vu l'importance de l'or, en particulier pour les groupes mayi mayi du Sud-Kivu. J'ai vu l'enjeu représenté par le contrôle des mines pour le NDC, à Walikale. Je continue de recevoir des messages de membres de groupes armés me proposant de me vendre de l'uranium. Mais de là à dire que ces combattants se sont engagés dans des groupes armés après avoir évalué minutieusement le bénéfice qu'ils pourraient tirer d'un tel trafic : je n'y crois pas. L'analyse ne colle pas aux récits entendus à travers les deux provinces, où se mêlent, pour expliquer cet engagement, des histoires longues et complexes d'autodéfense, de terres ou de troupeaux volés, de vengeances, de pouvoir coutumier contesté, d'absence de perspectives économiques, d'injustices, des sentiments de crainte vis-à-vis des « envahisseurs étrangers » et de frustration vis-à-vis de l'État congolais.

Surtout, les minerais ne sont qu'une ressource parmi d'autres pour les hommes en armes. Pour se financer, les groupes armés pratiquent le vol, commercialisent du chanvre, du bois, de l'huile de palme, du poisson, sollicitent des « contributions » plus ou moins volontaires dans les villages, parmi les politiciens en campagne, les membres de la diaspora, les employés locaux d'ONG, et mettent en place des systèmes de taxes sur les marchés, les transports et les commerces – parfois avec le concours d'autorités locales. Au sud du Sud-Kivu, les Mayi Mayi Yakutumba font payer près de 200 dollars (environ 145 euros) mensuels à chaque camion circulant dans leur zone de contrôle, qui est un axe de passage important vers la province du Katanga.

Le M23, l'un des plus importants groupes armés actifs au Nord-Kivu ces dernières années, est parvenu, un temps, à se financer sans être directement impliqué dans l'exploitation minière : il le faisait en taxant et en pillant les civils. Le groupe d'experts des Nations unies sur la RDC, spécialisé dans les enquêtes sur le financement des groupes armés, écrivait ainsi dans son rapport portant sur l'année 2013 que ses enquêteurs n'avaient trouvé cette année-là « aucun élément susceptible de lier le M23 au commerce de minerais ». La plus grande partie des revenus du mouvement provenait, selon ces mêmes experts, « des taxes imposées aux ménages, des taxes sur les transports, et des revenus des entreprises et de la terre ». Un exemple permet de se rendre compte des flux financiers générés par de telles taxes : celui du poste frontière de Bunagana. Les combattants du M23 ont contrôlé de juin 2012 à début novembre 2013 cet important point de passage entre la RDC et l'Ouganda. Les registres tenus par les services des douanes congolais indiquent que ce poste frontière génère autour de 650 000 dollars (500 000 euros) de revenus par mois. Pendant les seize mois durant lesquels il a occupé le poste frontière, le M23 a donc potentiellement perçu 10,4 millions de dollars – plus de huit millions d'euros.

*

Je range mes notes sur Paul Collier, Roland Marchal et Christine Messiant, referme les rapports d'experts onusiens remplis de chiffres. Les débats académiques autour des « motivations » des combattants – cupides ou non ? – et les documents sur leurs sources de revenus sont importants, mais me laissent sur ma faim. J'ai le sentiment qu'ils négligent une question essentielle : que font les combattants des richesses qu'ils parviennent à accumuler ? Qu'achètent-ils, une fois qu'ils ont quelques billets en main ? Un bon repas, une bière, de nouveaux vêtements, de l'équipement militaire ? Quelle est leur idée d'une vie réussie ?

En marchant vers le centre-ville d'Uvira, je croise justement Mahuno l'enseignant, tête pensante du MDLC, qui sort du petit établissement où il donne cours. Je lui propose de partager un verre de lait frais au *Blue Cat*, dont c'est la spécialité. Je l'interroge :

– Si un jour tes activités politiques [je sais que c'est ainsi qu'il parle de son rôle dans de nombreux groupes mayi mayi des environs] te rapportent un peu de sous, qu'est-ce que tu en feras ?

La terrasse du *Blue Cat* est balayée d'un vent frais. Le serveur revient avec deux immenses verres de « lait », une boisson en réalité à mi-chemin du yaourt à boire et du fromage blanc, ainsi qu'un gros morceau de pain.

– Moi… Bon, tu sais, je suis trentenaire et pas encore marié, faute de moyens. Alors ma priorité, c'est de trouver l'argent nécessaire pour payer une dot et faire un bon mariage.

– Sous quelle forme se paie une dot ?

– Tu peux verser de l'argent en espèces à la famille de ta future femme, ou bien payer avec des vaches, des chèvres, des poulets ou des caisses de bière.

– Et les chefs de guerre qui gagnent plus d'argent, qu'est-ce qu'ils en font ?

Mahuno verse du sucre en poudre dans son verre et mélange avec une paille.

– Ils se font construire une maison en briques ! Tu n'as jamais vu celle de Bedy, dans la Plaine, ou celle de Mayele, sur la route de Fizi ? Et ensuite, s'ils ont encore de l'argent, ils achètent des vaches et des terres, et ils paient de bonnes études aux enfants. Et pas seulement aux enfants, d'ailleurs. Aussi à leurs troupes parfois. Avant qu'il ne soit tué, c'est mon commandant qui me payait l'université.

« Pillards » ou « mercenaires » vus de loin, hommes et femmes aux aspirations très conformistes vus de près : les combattants de l'Est prennent les armes pour obtenir les moyens de se marier, de se construire une belle maison et de faire étudier leurs enfants et proches. La rhétorique du « rebelle » échoue, de nouveau, à décrire ce que je vois : exercer la violence, pour une grande partie de la jeunesse des Kivus, ne signifie pas combattre un pouvoir ou un système, mais tenter de s'y faire une meilleure place.

La paix

La route de Fizi, de nouveau ; celle des stèles, des manguiers et du bleu du lac Tanganyika. Je voulais l'emprunter une dernière fois avant mon retour en France. À l'arrière de la moto, je me laisse captiver par le spectacle des voyageurs croisés ou dépassés : ici, un homme manœuvre délicatement son vélo chargé de paniers tressés qui doivent peser trois fois son poids, là, un motard transporte vingt gros poulets, sur une sorte d'échafaudage dressé à l'arrière de sa bécane.

Je m'arrête à Kabumbe-Eboko. Je dois y rencontrer les commandants des Mayi Mayi Bwasakala, le groupe qui contrôle les collines en surplomb – l'un des seuls de la province que je ne connais pas encore. Deux semaines plus tôt, ils ont perdu plusieurs des leurs dans des affrontements avec les FARDC. Ils veulent être prudents : nous nous rencontrerons de nuit. Mais, en attendant, comment justifier ma présence dans le village sans attirer l'attention ? Jamais aucun Blanc ne s'arrête ici. Les 4 x 4 des ONG poursuivent leur route vers Baraka en soulevant des torrents de poussière, et veillent à ne pas s'arrêter sur ce tronçon, considéré comme peu sûr. J'avise les quelques pirogues sur la plage, le fretin qui sèche au soleil : je serai une chercheuse en développement, venue récolter des informations sur la pratique de la pêche sur le lac Tanganyika. Mes hôtes opinent : c'est un bon mobile.

En attendant que la nuit tombe, je visite donc les lieux. Carnet en main, je questionne de tout mon soûl et note avec enthousiasme : fretin se dit « *ndakala* » en kibembe (comme en swahili), filet se dit « *mkwabo* », le pêcheur dénommé Lulela Mulumba, sis au village Kabumbe-Eboko a soixante ans, pêche à l'hameçon depuis vingt ans, du *mukeke*, du capitaine, du *tilapia* et du grand fretin, il a une femme et neuf enfants, dont cinq étudient. Quant à Lungwe Bilanga, cinquante ans, il est pêcheur depuis ses dix-huit ans, privilégie la technique du « filet dormant », sa femme cultive le manioc, ce qui leur permet de nourrir leurs seize enfants, dont un est à l'université d'Uvira, cinq dans le secondaire, et six en primaire, il note que cette année, il y a eu davantage de poisson que les années précédentes.

J'ai encore le temps de m'intéresser à quelques plants de coton et à la production d'huile de palme – les fruits, rouges, sont récupérés à plusieurs mètres de haut, avant d'être chauffés et pressés. La lumière se fait dorée, puis rougeoyante. Je regagne enfin la maison de mes hôtes, les parents d'un jeune homme qui collabore avec les Mayi Mayi Bwasakala. Le père de famille est en train de tailler à la machette un bout de bois robuste, qui fera un nouveau manche pour sa houe. Nous partageons le repas : du poisson et du foufou. Je me laisse bercer par la flamme de la lampe à pétrole. La nuit est déjà tombée depuis quelques heures quand une femme s'annonce sur le seuil, puis entre dans la case. Elle est visiblement fatiguée. C'est la femme de Dewilo, numéro deux des Mayi Mayi Bwasakala. Lorsqu'elle m'a vue arriver, dans l'après-midi, elle a fait l'aller-retour dans les montagnes en quatrième vitesse pour avertir son mari de ma venue. Je pensais avoir averti celui-ci par SMS. Elle m'explique qu'ils n'ont pas reçu mon message : le groupe a perdu tous ses moyens de communication dans les affrontements récents avec les FARDC.

Quelques minutes plus tard, quelques chuchotements montent de derrière la maison, suivis de bruits de pas et de rayons fugaces de lampe torche. Je sais que la garde rapprochée de Dewilo viendra d'abord, inspecter les environs, vérifier que je n'ai pas l'air hostile ni armée, avant de donner le feu vert au commandant. Un jeune homme, puis deux franchissent effectivement le palier, godillots aux pieds et pistolet à la ceinture. Nous échangeons quelques mots, mes hôtes leur expliquent les raisons de ma venue et les rassurent sur mes intentions. Ils ressortent, pour revenir accompagnés de leur chef. Dewilo doit se pencher pour franchir la petite porte d'entrée. Il porte une veste chaude par-dessus ses vêtements kaki et tient un bâton de marche à la main.

– Dewilo Wilonja Shabani. Ma femme m'a averti de votre venue. Allons discuter à l'extérieur.

À quelques dizaines de mètres de la maison, sur le début du chemin qui mène à la montagne, les hommes qui escortent Dewilo ont disposé quelques bancs en bois. Sont déjà là le secrétaire du groupe, un jeune du nom de Shabani, et un pasteur protestant des environs qui se présente comme « chargé des relations civilo-militaires ». Le vieux Seti, mon hôte, un proche du groupe, se joint à nous.

Dans la faible lumière de la lune, Dewilo me raconte une histoire désormais familière : une histoire d'agression qui remonte à 1996, de « patriotes résistants », de gouvernement qui ne récompense pas ceux qui se sont sacrifiés pour protéger le pays des invasions et des étrangers. Familier aussi désormais, le silence gardé sur la partie moins glorieuse de l'histoire : les taxes, les vols et les tracasseries de civils, les exactions de plus en plus fréquentes à mesure que le groupe se transforme de simple patrouille d'autodéfense en mouvement plus organisé et autonome, la xénophobie rarement explicite, mais que l'on sent parfois poindre à l'évocation des Rwandais ou des Tutsis.

Après deux heures de discussion, le vieux Seti conclut :

– Qu'on nous laisse combattre, et la guerre finira.

Dewilo se lève. Ses hommes font de même. Ils doivent repartir en montagne avant la levée du jour. Le jeune secrétaire me prend à part et me glisse :

– Je voulais vous demander… Je suis étudiant. J'ai besoin d'une documentation pour mon travail de fin de cycle. Est-ce que vous pourriez me trouver ce livre ?

Sur une feuille, il griffonne le titre : *Réflexions sur la pratique de la paix.*

L'humanitaire

Uvira, Sud-Kivu

Mahuno s'éclaircit la gorge et jette un regard circulaire vers le parterre de spectateurs.

– Au nom de mon ONG, je vous remercie d'être venus nombreux discuter des questions de paix dans notre territoire...

Des messieurs en costume et chaussures soigneusement cirées continuent de prendre place aux premiers rangs. Toutes ces autorités, la crème de ce que la ville compte de politiciens et de professeurs, peuvent-elles ignorer que le conférencier du jour, dissertant sur les perspectives de paix, est le porte-parole d'un groupe armé bien connu dans cette partie du Congo ? À voir leurs mines peu concernées, il semble que oui. Depuis l'estrade, choisissant ses mots avec soin, Mahuno poursuit :

– ... La présence des groupes armés opérant chez nous, dans le territoire d'Uvira, constitue une menace immédiate à la consolidation de la paix dans la région.

Le groupe armé auquel appartient le jeune homme a été endeuillé, quelques mois plus tôt, par la mort de son chef d'état-major. Le moral des troupes s'en ressent. Mahuno continue tout de même à prendre chaque matin le petit chemin le menant vers l'école où il enseigne. Il partage ensuite ses après-midi entre les réunions du MDLC et celles avec ceux de son ONG. Et ne s'interdit pas, donc, à l'occasion, de prodiguer son expertise dans des conférences comme celle-ci, appuyée financièrement par la Monusco.

Lorsque je l'interroge sur ses multiples activités, il m'assure que tout cela n'est pas contradictoire. Ses études en développement rural l'ont conduit vers l'appui au monde paysan à travers son ONG, mais rien ne lui interdit de mettre également ses compétences au service de groupes armés – qui se battent eux aussi, assure-t-il, pour améliorer la vie des Congolais.

*

– Toi aussi, tu as étudié le développement ?

Je réalise qu'Augustin, le colonel de l'APCLS qui a été mon guide sur la route du « mont Sinaï », a suivi la même formation qu'une dizaine d'officiers de groupes mayi mayi de ma connaissance. Nous nous sommes retrouvés à Goma pour échanger les dernières nouvelles du front. La conversation allant bon train, il me parle du travail stable qu'il aimerait trouver pour gagner de quoi se marier, et de son désarroi. Il fait pourtant partie des Congolais les mieux qualifiés de la province :

– J'ai obtenu ma licence. J'ai été directeur d'un institut supérieur de développement, à Goma. Je voudrais travailler pour les ONG. Mais, malgré tout ça, je suis toujours au chômage.

– Pourquoi ?

– Parce que dans les ONG, si tu n'es pas quelqu'un de la famille, on ne te prend pas. Ou bien on te dit de verser un ou deux mois de salaire pour avoir un poste. Un ou deux mois de salaire, tu te rends compte ?

Militaires et humanitaires : difficile de rapprocher ces mots. Leur association paraît contre-intuitive. À première vue, la cloison est simple et nette : aux humanitaires la paix et l'aide aux civils en détresse, aux groupes armés la guerre et les trafics divers. Certes, j'ai déjà dû revoir mon idée des frontières de la paix et de la guerre en entendant le récit des coulisses de la conférence de Goma, en rencontrant l'avocat au pin's, Lafantaisie, et une poignée d'autres entrepreneurs politico-militaires. Mais plus je creuse, plus je m'aperçois, de surcroît, que les membres des groupes armés que je côtoie sont proches des milieux de l'humanitaire et du développement. Quelques épisodes me reviennent en mémoire : Augustin me désignant le chargé de la logistique de l'APCLS comme étant un ancien employé d'une importante ONG italienne, un conseiller politique des Mayi Mayi Yakutumba me glissant quelques tracts de son « association » et me demandant d'en faire la promotion « en Europe », le président d'un autre groupe armé qui se trouve aussi être le coordonnateur d'une « association de femmes pour le développement », les SMS où Kihangi, des Rayia Mutomboki de Shabunda, me demande tour à tour de lui trouver un travail en ONG et de lui acheter de l'uranium.

Mais il ne s'agit que d'une compilation d'anecdotes. Pour avoir une meilleure idée de l'ampleur du phénomène, je me tourne une fois de plus vers le MDLC, le mouvement d'Amise et Mahuno basé au Sud-Kivu. J'obtiens la permission d'assister à l'une des réunions de leur bureau politique. Je veux avoir un aperçu du profil de la demi-douzaine de jeunes hommes qui le constituent. Sont-ils tous familiers des mondes de l'humanitaire et du développement, ou Amise et Mahuno sont-ils des cas singuliers ?

Mahuno m'indique l'heure et le lieu. Cela se passera à Mulongwe. La plupart d'entre eux habitent ce quartier, l'un des plus modestes d'Uvira, où les glissements de terrain et les coulées de boue menacent à chaque saison des pluies les maisons de pisé et de tôle construites sur une pente abrupte. La réunion débute dans le salon de Mutambala, ami de Mahuno et membre du MDLC. Son jeune fils déambule entre les canapés. Les chants des fidèles de l'Église protestante, située non loin, parviennent jusqu'à nous. Je propose que chacun se présente lors d'un rapide tour de table.

Mahuno commence :

– Dans le MDLC, je suis vice-président chargé des relations extérieures. Et comme tu sais, je suis aussi fondateur d'une petite ONG.

– Je m'appelle Bihayo. J'étudie la technique médicale, je suis secrétaire du MDLC, et aussi président adjoint d'une ONG de développement rural, précise son voisin.

Je regarde Mutambala, notre hôte du jour.

– Moi, je suis coordonnateur d'une association de développement durable. Pour les choses militaires, disons que je suis apolitique, mais parfois je donne quelques conseils.

Le quatrième prend la parole.

– Moi c'est Batachoka. Je suis le secrétaire d'une association de développement rural locale. Et, dans le MDLC, je suis chargé de faire la relation... il y a des relations externes et internes. Moi je suis chargé de relations internes, entre les différentes branches armées.

C'est au tour d'Amise.

– Je suis président du MDLC et cofondateur de l'ONG dont vient de parler Mahuno.

Le dernier membre du bureau militaire de la coalition s'appelle John :

– J'étudie le droit. Sinon, je suis vice-président du MDLC.

– Tu n'as jamais travaillé dans l'humanitaire ou le développement ?

– Non. Enfin... J'étais volontaire de la Croix-Rouge pendant un moment. Ça me permettait d'avoir un laissez-passer pour circuler dans la province pendant l'occupation du RCD. À l'époque où j'étais messager pour les chefs mayi mayi.

Je fais le compte : cinq des six principaux membres du bureau politique du mouvement armé assument également des fonctions dans une ONG locale. Ils ont fait davantage d'études que la moyenne des Congolais. La plupart ont étudié au sein d'instituts supérieurs de développement ou de technique médicale, des formations créées dans les années 1970 afin de doter les services de l'État de cadres médicaux et d'agents en développement rural, mais qui devinrent surtout un vivier de créateurs d'ONG locales lorsque les politiques d'ajustement structurel du Fonds monétaire international conduisirent à réduire drastiquement les embauches dans la fonction publique.

Le fait qu'ils soient vus comme des « intellectuels » dans leur milieu ne veut pas dire pour autant qu'il faille les ranger dans la catégorie des représentants autoproclamés de groupes armés, ces « parachutés » qui n'ont pas de connaissance directe du conflit mais misent sur leur habile rhétorique pour écumer les conférences de paix. Les membres du bureau politique du MDLC ont tous eu des expériences des réalités combattantes locales. Soit ils ont été combattants eux-mêmes, soit ils ont participé à la création de petites forces locales, comme Mutambala et Mahuno qui, en 2007, ont créé et fait financer en sous-main par un officier des FARDC un groupe appelé Forces armées mayi mayi.

*

Comment finit-on par faire carrière parallèlement dans le champ des ONG locales et dans celui des groupes d'autodéfense ? Par quel parcours, quels choix et quelles contraintes sont-ils devenus à la fois faiseurs de guerre et faiseurs de développement ? Je leur laisse la parole, longuement. Ils tentent de m'expliquer : Mahuno avec son ton assuré et définitif, Mutambala, son meilleur ami, en tâtonnant davantage, en tentant de retracer leurs hésitations, leurs convictions et leurs doutes, les choix dans lesquels ils se retrouvent pris aujourd'hui, à l'entame de leur vie d'adultes.

Mahuno : Pour que l'on puisse développer, il faut la paix d'abord. Il ne peut pas y avoir de développement sans la paix. Or, dans les pays où la dictature règne, la paix ne se cherche que dans les mouvements insurrectionnels. Nous, on ne veut pas que notre pays reste toujours dans des situations bizarres comme ça. C'est pour ça que nous nous battons, pour voir comment libérer notre pays, qui est pris en otage par quelques personnalités à Kinshasa.

Mutambala : Pour Mahuno et moi, les affaires politiques ont commencé il y a longtemps, dans les Hauts Plateaux. Nous étions dans une localité appelée Magunda, dans les

Hauts Plateaux de Mwenga. Nous avons commencé à y faire les Forces d'autodéfense mayi mayi, les FAM. C'est par là que nous avons commencé. Après, nous avons essayé d'évoluer, mais ça ne tenait pas, nous avons manqué de finances et de beaucoup de choses.

C'est comme ça que nous avons choisi de continuer les études à l'Institut supérieur de développement rural. Juste après avoir terminé ces trois ans à l'université, nous avons jugé bon de faire les affaires des associations. On s'est dit que peut-être, là, on pouvait réussir, continuer. Mais nous n'avons pas lâché directement ce que nous avions commencé. Nous étions toujours sollicités avec nos amis, nos jeunes qui veulent commencer l'autodéfense eux aussi, qui nous demandaient des conseils. On ne pouvait pas refuser. On était étonnés de la situation là-bas chez nous, sur les Hauts Plateaux, de la violence qui continuait. Nous n'avons pas eu le cœur de lâcher. Jusqu'à aujourd'hui, ces affaires militaires, ça continue.

Ce serait peut-être plus simple de se tourner seulement vers le travail dans les associations. Mais il y a un blocage : avec nos ONG locales, nous n'avons pas eu la chance d'être légalisés officiellement. Par manque de moyens : il faut payer pour se faire inscrire. Alors nous sommes restés comme association locale jusqu'à maintenant. Nous n'avons pas accès aux fonds des grands bailleurs, qui se tournent vers les grandes organisations.

Est-ce que ça n'est pas en même temps faire la paix et faire la guerre ? Je ne pense pas. Je pense qu'à travers ces affaires militaires, ce qu'on cherche après tout, c'est comment faire pour consolider la paix dans la province du Sud-Kivu. Tout ce que nous faisons, c'est chercher comment faire la paix. Dans la politique, et dans les associations. Nous le faisons comme autochtones, nous avons cet esprit-là de patriotisme qui nous demande de le faire.

*

Bukavu, Sud-Kivu

Kihangi est chargé de sécurité d'un commandant Rayia Mutomboki de Kalehe. D'ordinaire, nous communiquons par SMS : il me donne des nouvelles de la situation dans les zones contrôlées par son groupe. Ce dernier est réputé particulièrement dur avec les humanitaires, qui se plaignent régulièrement d'exactions et de « tracasseries » lorsqu'ils tentent de travailler à Kalehe.

Je suis donc surprise lorsque, autour d'un déjeuner de poisson et de frites dans une gargote de la place Mulamba, il commence à me raconter qu'il est lui aussi membre d'une petite ONG.

– Ça s'appelle UNPD, « Unissons-nous pour la paix et le développement/ASBL de droits de l'homme ».

Je feuillette le dépliant qu'il m'a ramené. UNPD a été créée « dans le but de promouvoir la paix et la cohabitation sans conflit ». L'organisation détaille ensuite la liste de ses « programmes d'action ». Le rédacteur du document parle à merveille le jargon des bailleurs de fonds internationaux, et n'a pas peur de brasser large : « Stabilisation (résolution pacifique des conflits, recherche de la paix), santé (sida, victimes de violence sexuelle, IST), insertion socio-économique des personnes marginalisées, éducation (école, alphabétisation des adultes), sécurité alimentaire, assistance légale ou juridique, réfugiés et déplacés de guerre, développement de l'Église et du leadership chrétien, droit des parents et la citoyenneté (élections libres, démocratiques), démobilisation des enfants-soldats. »

– Qui est le directeur ? Comment tu t'es retrouvé là-dedans ?

– Bon, je dois te dire une chose. Dans cette association, c'est surtout notre chef militaire qui est impliqué. Il s'est dit qu'en ayant son association, il pourrait voir comment s'y retrouver. Parce qu'une association, si des gens acceptent de la financer, ça fait quelque chose à gagner.

J'ai croisé son chef, un jour, dans son fief à Bunyakiri. Je cherchais à le rencontrer. On m'avait dit qu'il acceptait un entretien, et qu'il arrivait. En réalité, il n'avait fait que passer devant le bord de route où j'étais plantée, assis à l'arrière d'une moto, cachant son visage sous un chapeau de feutre. Il m'avait scrutée et, sans prononcer un mot, avait fait signe au conducteur de la moto de repartir. On le dit méfiant et dur. Il a été agent de renseignement pour les rebelles rwandais des FDLR, puis pour les autorités congolaises, avant de prendre la tête des Rayia Mutomboki de Bunyakiri, connus pour l'extrême violence de leurs attaques contre les « rwandophones ». J'apprends désormais qu'il préside une association dont les statuts proclament « promotion de la paix et de la cohabitation sans conflit ». J'ai l'impression d'être dans un monde parallèle absurde, où les mots perdraient leur sens, et dont la devise serait : la guerre c'est la paix, la paix c'est la guerre.

– Est-ce qu'il y a des gens de ton groupe qui travaillent pour des ONG ?

– Le fils de mon chef, qui est un Rayia Mutomboki lui aussi, est chauffeur dans une ONG internationale.

– Comment il a été recruté ? Est-ce que les gens de l'ONG savent qu'il fait partie d'un groupe armé ?

– C'est pour ça qu'ils l'ont pris ! Ils sont allés demander à mon chef s'il voulait qu'ils embauchent quelqu'un en particulier, il a recommandé son fils, et il a été embauché sans même passer de test.

Kihangi livre des anecdotes de plus en plus étonnantes sur les relations entre groupes armés et monde humanitaire.

– L'an dernier, on a arrêté des agents d'une ONG parce qu'ils étaient venus dans notre zone sans demander l'autorisation. On les a retenus quelques heures. Pour qu'on les libère, ils nous ont fait parvenir deux revolvers, deux Motorola, des boîtes de munitions, des kalachnikovs et des godillots.

– Cela arrive souvent que les gens des ONG versent de l'argent ou du matériel aux groupes armés ?

– Récemment, il y a eu une histoire avec le chef de mission de cette ONG française, qu'on avait trouvé en train de filmer dans une zone sous notre contrôle. On lui a pris sa caméra et il a donné 1 600 dollars pour la récupérer.

– Est-ce que certains vous aident volontairement ?

– Parfois, oui. L'autre jour, un agent d'une ONG internationale, un Congolais, a sollicité la sécurité auprès de nous. Il a dit qu'il lançait un programme à Kalehe et que, quand il viendrait dans les zones sous notre contrôle, il aurait besoin qu'on le sécurise.

– Qu'est-ce que vous avez répondu ?

– On lui a demandé ce qu'il pouvait nous donner en échange. Il a dit qu'il pouvait nous aider avec des armes.

– Il vous a donné des armes ?

– Il a donné de l'argent à notre chargé de logistique pour qu'il en trouve. Avec la somme, on a pu acheter vingt-trois armes kalachnikov.

Le jeune homme dit-il vrai ? Quel intérêt aurait-il à me mentir, lui dont le village bénéficie directement et indirectement de la présence des humanitaires et qui m'a déjà demandé, par ailleurs, de lui trouver un travail en ONG ? Je me souviens que Bertin, mon ami chargé de sécurité d'une ONG internationale, m'a raconté un jour que l'un de ses collègues s'était fait escroquer par un homme qui, au téléphone, s'était fait passer pour Amuri Yakutumba, le chef des Mayi Mayi Yakutumba. Le mystérieux interlocuteur lui avait demandé de lui transférer 100 dollars de crédit téléphonique « pour pouvoir discuter ». Le collègue avait envoyé la somme demandée, avant de réaliser que ce n'était pas Yakutumba mais quelqu'un qui savait manifestement que les humanitaires ne rechignaient pas, à l'occasion, à glisser quelques billets à des chefs militaires influents pour acheter la tranquillité de leurs agents. Mais ce que Kihangi me relate est d'un autre registre encore : des financements substantiels, et même des livraisons d'armes.

Je cherche à en savoir plus auprès d'un bon connaisseur de l'aide internationale dans les Kivus. Il est congolais, employé par OCHA, le bureau des Nations unies chargé de la coordination de l'action humanitaire. Il est en poste depuis plus longtemps que la plupart des expatriés qui travaillent dans la même organisation. Pas grand-chose de ce qui se passe dans le petit monde de l'humanitaire en RDC ne lui échappe. Certes, il ne fait pas partie de l'institution la plus prompte à s'épancher sur ce type de cas, s'ils existent. Mais on ne sait jamais : peut-être acceptera-t-il de me parler sous le sceau de l'anonymat. Je me présente à son bureau, à Bukavu, avec mes piles de carnets de notes. Je lui rapporte les histoires rapportées par Kihangi et quelques autres du même acabit, récoltées auprès d'autres membres de groupes armés.

– Est-ce que tu as connaissance d'histoires pareilles ?

Les employés d'OCHA terminent leur journée. Les bureaux alentour se vident progressivement. Le silence est seulement troublé par le ronron de la climatisation. Il prend son temps avant de me répondre.

– Oui, il y a parfois des accointances et des sympathies entre des agents d'ONG et des gens de groupes armés. Cela se passe à différents niveaux. J'ai connaissance, comme toi, de cas de jeunes de groupes armés qui sont coordonnateurs d'ONG locales. Je sais aussi que des ONG utilisent des « intermédiaires » qui sont proches des groupes armés afin d'accéder aux zones où ils veulent travailler.

– En quoi consiste le rôle de ces intermédiaires ?

– Ce sont souvent des gens proches de groupes mayi mayi, Rayia Mutomboki ou Banyamulenge. Ils sont employés comme logisticiens, ou sans contrat formel mais rémunérés par des « cadeaux ». Il faut comprendre que l'accès aux zones de conflit est essentiel pour les humanitaires. Ils doivent accéder aux populations touchées et, pour cela, négocier avec les autorités qui contrôlent les zones où elles se trouvent, quelles qu'elles soient : représentants de l'État congolais ou groupes armés irréguliers.

Dans le calme feutré de ce bureau, à mots pesés, je sens que mon interlocuteur est en train de me livrer des choses que sa hiérarchie ne serait pas forcément heureuse d'entendre. Qu'OCHA évoque, même à demi-mot, de telles pratiques, sonne comme un aveu cinglant au regard de la langue de bois qui caractérise d'ordinaire l'organisation. J'ai presque peur de rompre ce fil de confidence en posant ma dernière question.

– Est-ce que, pour négocier l'accès à une zone, des agents d'ONG peuvent aller jusqu'à fournir des armes aux groupes armés qui la contrôlent ?

Il y a quelques mois encore, cette idée m'aurait paru davantage relever du scénario de polar que d'une hypothèse sérieuse. Est-ce que c'est parce que je touche à un bout de réalité qui lui est familier ? Le cadre d'OCHA en tout cas ne paraît pas surpris.

– Ce que je sais, c'est que certains humanitaires cherchent à accéder à certaines zones coûte que coûte.

*

En novembre 1994, lorsqu'il est devenu manifeste que l'aide humanitaire à destination des camps de réfugiés rwandais au Zaïre permettait aux ex-génocidaires qui s'y trouvaient de reconstituer leurs forces, la section française de Médecins sans frontières avait décidé d'arrêter d'y travailler.

Les groupes armés congolais présents dans l'Est aujourd'hui sont soutenus, indirectement et parfois directement, par des organisations humanitaires. Sans même parler des cas extrêmes évoqués par Kihangi, une partie des aides distribuées revient inéluctablement dans les mains des groupes armés par l'effet des liens de parenté et le biais des systèmes de taxes sur les civils. Contrairement à 1994, ces groupes armés ne commettent pas un génocide. Mais les ONG ne contribuent-elles pas tout de même, par leur présence, à prolonger la guerre ? La question est bien entendu complexe. Peut-être ce soutien est-il le prix à payer pour accéder à des personnes qui ont réellement et cruellement besoin d'aide. Le problème est qu'elle soit si peu débattue publiquement.

Je fais un tour sur le site Internet de MSF aujourd'hui. Une bannière incitant au don proclame : « Sur tous les fronts de l'urgence ». Le slogan synthétise bien la raison d'être des ONG médicales d'urgence : il faut pouvoir dire à ses donateurs « là où vous avez entendu que des gens souffraient, nous y sommes ». MSF peut parfois se permettre de se défaire de cette logique car elle est une grande organisation – en 2013, elle a récolté, à travers ses différentes sections, 1,01 milliard d'euros, dont 89 % venant de donateurs privés. En 1994, ne pas « en être » en RDC ne l'empêchait pas de faire valoir à ses donateurs sa présence sur d'autres théâtres d'urgence. Sa force de frappe médiatique lui a permis de justifier publiquement ce choix. Qu'en est-il lorsque, en tant que petite ONG, il faut expliquer à ses soutiens que l'on a choisi de cesser d'aider les habitants d'une région, l'Est de la RDC, présentée comme parmi les plus sinistrées du monde ? Depuis 1994, la présence humanitaire dans l'Est s'est intensifiée : on y compte plus de deux cents organisations non gouvernementales, nationales et internationales. En dépit des tentatives de coordination de l'aide menées par OCHA, les logiques de concurrence sont inévitables. Se retirer, c'est être à peu près certain qu'un autre viendra prendre sa place sur le marché des populations à sauver.

La mort de Mzee

Paris, France

On se réhabitue vite au goudron bien lisse et aux déplacements insouciants, sans l'ombre d'une embuscade. Cela fait quelques mois maintenant que je suis de retour en France. Dans un tiroir, au milieu de carnets de notes et de capsules de bouteilles de soda et de bière gardées en souvenir de mon périple, je conserve la liste de Kasenga. Huit noms sur douze sont barrés. Si je retourne au Congo un jour, qui sait où je les retrouverai ? Au maquis, en prison, sous les lambris d'un ministère ?

Régulièrement, je compose l'indicatif +243 pour prendre des nouvelles des Kivus. Le combattant Shabade, des Rayia Mutomboki de Shabunda – celui qui, une nuit, a « bien chicotté » l'un de ses collègues ivres –, a troqué le fusil-mitrailleur pour le burin : il est devenu creuseur d'or. Martin est sorti de prison. Il se fait rare au téléphone, et ne veut plus parler de son passé au sein des groupes armés. Amise, le jeune chef du MDLC, ne m'a pas reparlé de sa « lettre de demande d'autorisation de guerre » : l'état-major de son mouvement semble avoir abandonné l'idée de l'attaque sur l'héliport de Minembwe. Il faut dire que leurs troupes ont été sérieusement affaiblies par la perte de plusieurs de leurs hommes dans des affrontements avec les FARDC autour de Baraka – le vieux commandant Aoci, proche d'Amise, a été arrêté. L'enseignant Mahuno s'est marié. Quelques jours après la cérémonie, sa femme est morte lors d'une opération chirurgicale qu'on aurait dite en France « de routine ». Lafantaisie l'avocat-entrepreneur en coalitions ne m'a jamais recontactée. J'ai appris par la presse qu'il avait réuni environ 500 hommes se disant prêts à intégrer l'armée congolaise. L'auteur de l'article, publié sur le site de la Radio Okapi, précise : « Ils ont été sensibilisés à quitter les milices par Emmanuel Ndigaya Ngezi, chef milicien de la Force populaire pour la défense du Congo (FPDC) qui promet lui aussi de déposer les armes aussitôt qu'il va finir sa sensibilisation. » Je souris en songeant à l'avocat au pin's et aux smartphones, qui a dû hurler en se voyant ainsi dépeint en « chef milicien » prêt à déposer des armes qu'il veille à ne surtout pas porter.

*

Un matin d'avril, dans ma boîte aux lettres électronique, deux messages. Le premier me ramène sur les bords du lac Tanganyika :

« Je tiens à vous saluer. Je suis bien portant actuellement. Je suis Shabani, le secrétaire du groupe Bwasakala. Nous nous sommes vus à Kabumbe, cette nuit où vous vous êtes entretenue avec mon chef Dewilo. J'étudie toujours à la Faculté des études de paix et réconciliation, à l'Université Panafricaine de la Paix basée à Uvira. Je termine mon travail de fin de cycle. S'il vous plaît, pourriez-vous me faire parvenir de nombreux ouvrages en la matière précitée ?

Très cordialement.

Shabani W. »

Le second est succinct :

« Bonjour Justine. Ce message pour t'annoncer la mort de Mzee Zabuloni. Son enterrement a eu lieu ce mardi à Uvira. Merci. Kasenga. »

*

Le vieux Zabuloni aura donc fini ses jours dans une clinique de Bukavu. Mort de vieillesse et de maladie, loin de la brousse. J'imagine Kasenga sillonnant la ville, la chemise soigneusement repassée, sans le sou, en quête d'un travail de journalier. Faisant la queue, comme des dizaines de Congolais chaque matin, devant les annonces de postes affichées sur les portails des ONG. Ses frères et neveux préparant le repas dans la maison familiale, se demandant avec un peu d'angoisse comment financer l'enterrement. Fujo apprenant la nouvelle, dans sa montagne. Regrettant peut-être de ne pas avoir déposé les armes à temps pour passer quelques mois aux côtés de son père avant sa mort.

Kasenga vient de perdre son père ; le Kivu, l'un de ses chefs de guerre les plus emblématiques. Mzee est mort, et ceux qui furent à ses côtés les héros de la seconde guerre du Congo – Dunia, Abdou, Georges Alunda, Jeannot Ruharara et une poignée d'autres –, le seront bientôt. Mzee est mort, et une nouvelle génération de combattants est en première ligne dans l'Est : une génération qui n'occupait pas encore de responsabilités au sein des groupes armés au plus fort de la guerre, mais qui a grandi avec. Mzee est mort, et les combattants des Kivus publient désormais leurs communiqués sur Internet, écoutent des tubes nigérians sur leurs téléphones portables, coalisent à tout crin, se multiplient en « mouvements politico-militaires », rêvent de Kinshasa, de Kigali, d'Europe et d'Amérique, font feu de tout bois pour s'en sortir, de carrières politiques en emplois précaires, de création d'ONG en commerce de minerais. Mzee est mort, et ceux qui prennent sa suite ne sont pas plus cyniques que leurs aïeux. Ils sont simplement conscients que la guerre a amené dans son sillage des cortèges de pacificateurs et d'humanitaires, et veulent leur part de cette manne. « Pour » ou « contre » cette guerre, là n'est pas la question pour eux. Ils ont trop longtemps vécu avec.

Table

Composition Facompo, Lisieux (Calvados).
Achevé d'imprimer en février 2016 sur les presses de
La Nouvelle Imprimerie Laballery à Clamecy (Nièvre).
Dépôt légal : mars 2016
N° de dossier : 602207

Imprimé en France